Bucătăria indiană autentică 2023

Descoperă aromele și secretele gastronomiei indiene cu cele mai bune rețete

Aparna Sharma

Conţinut

Kele ki Bhaji 17

    Ingrediente 17

    metodă 18

Nucă de cocos Kathal 19

    Ingrediente 19

    Pentru condimente: 19

    metodă 20

Felii picante de igname 21

    Ingrediente 21

    metodă 22

Yam Masala 23

    Ingrediente 23

    metodă 23

Masala de sfeclă 25

    Ingrediente 25

    metodă 26

Varza de fasole Masala 27

    Ingrediente 27

    metodă 28

Mirch Masala 29

    Ingrediente 29

    metodă 30

Roșii Kadhi 31

Ingrediente 31

metodă 32

Kolhapuri de legume 33

Ingrediente 33

metodă 34

Undhiyu 35

Ingrediente 35

Pentru muttys: 36

metodă 36

Banana Kofta Curry 37

Ingrediente 37

Pentru curry: 37

metodă 38

Trtăcuță amară cu ceapă 39

Ingrediente 39

metodă 40

Sukha Khatta Chana 41

Ingrediente 41

metodă 42

Bharwan Karela 43

Ingrediente 43

Pentru umplutura: 43

metodă 44

Varză Kofta Curry 45

Ingrediente 45

Pentru sos: 45

metodă 46

Ananas Goju 47
    Ingrediente 47
    Pentru amestecul de condimente: 47
    metodă 48
Goju tărtăcuţă amară 49
    Ingrediente 49
    metodă 50
Baingan Mirchi ka Salan 51
    Ingrediente 51
    metodă 52
Pui cu verdeata 53
    Ingrediente 53
    metodă 53
    Pentru marinata: 54
Pui tikka masala 55
    Ingrediente 55
    metodă 56
Pui umplut picant într-un sos bogat 57
    Ingrediente 57
    metodă 58
Masala de pui picant 60
    Ingrediente 60
    metodă 61
pui de kashmir 62
    Ingrediente 62
    metodă 63
Rom şi pui 64

- Ingrediente 64
  - metodă 65
- Pui Shahjahani 66
  - Ingrediente 66
  - metodă 67
- pui de Paște 68
  - Ingrediente 68
  - metodă 69
- Rață picant cu cartofi 70
  - Ingrediente 70
  - metodă 71
- Moile rața 72
  - Ingrediente 72
  - metodă 73
- Bharwa Murgh Kaju 74
  - Ingrediente 74
  - metodă 75
- Masala de pui cu iaurt 77
  - Ingrediente 77
  - metodă 78
- Pui Dhansak 80
  - Ingrediente 80
  - metodă 81
- Pui Chatpata 83
  - Ingrediente 83
  - Pentru marinata: 84
  - metodă 84

Rață Masala în lapte de cocos 85
    Ingrediente 85
    Pentru amestecul de condimente: 85
        metodă 86

Pui Dil Bahar 87
    Ingrediente 87
        metodă 88

Prostul lui Murgh 90
    Ingrediente 90
        metodă 91

Murgh Kheema Masala 92
    Ingrediente 92
        metodă 93

Pui umplut Nawabi 94
    Ingrediente 94
    Pentru umplutura: 94
        metodă 95

Murgh ke Nazare 96
    Ingrediente 96
    Pentru sos: 97
        metodă 98

Murgh Pasanda 99
    Ingrediente 99
        metodă 100

Murgh Masala 101
    Ingrediente 101
    Pentru amestecul de condimente: 101

metodă 102
Cremă de pui Bohri 103
    Ingrediente 103
    metodă 104
Jhatpat Murgh 105
    Ingrediente 105
    metodă 105
Curry verde de pui 106
    Ingrediente 106
    metodă 107
Murgh Bharta 108
    Ingrediente 108
    metodă 108
Pui cu seminte de Ajowan 109
    Ingrediente 109
    metodă 110
Pui cu spanac Tikka 111
    Ingrediente 111
    Pentru marinata: 111
    metodă 111
Pui Yakhni 113
    Ingrediente 113
    metodă 114
Pui chili 115
    Ingrediente 115
    metodă 115
Pui cu boia 116

Ingrediente 116

metodă 116

Pui cu smochine 118

Ingrediente 118

metodă 118

Miel picant in iaurt si sofran 119

Ingrediente 119

metodă 119

Miel cu legume 121

Ingrediente 121

metodă 122

Curry de vita cu cartofi 123

Ingrediente 123

metodă 124

Masala picant de miel 125

Ingrediente 125

metodă 126

Rogan Josh 127

Ingrediente 127

metodă 128

Coaste la gratar 129

Ingrediente 129

metodă 129

Carne de vită cu lapte de cocos 130

Porti 4 130

Ingrediente 130

metodă 131

Kebab de porc 132
    Ingrediente 132
    metodă 132
Friptură Chili Fry 133
    Ingrediente 133
    metodă 134
Ouă scotch de vită 135
    Ingrediente 135
    metodă 135
Stil Malabar de carne de vită uscată 136
    Ingrediente 136
    Pentru amestecul de condimente: 136
    metodă 137
Cotlete de miel Moghlai 138
    Ingrediente 138
    metodă 138
Carne de vită cu bame 139
    Ingrediente 139
    metodă 140
Bufet de vita 141
    Ingrediente 141
    metodă 142
Badami Gosht 143
    Ingrediente 143
    metodă 144
Roast beef indian 145
    Ingrediente 145

metodă 146

cotlet Khatta Pudina 147

    Ingrediente 147

    metodă 148

Friptură indiană 149

    Ingrediente 149

    metodă 149

Miel în sos verde 150

    Ingrediente 150

    metodă 151

Miel tocat simplu 152

    Ingrediente 152

    metodă 152

Sorpotel de porc 153

    Ingrediente 153

    metodă 154

Miel murat 155

    Ingrediente 155

    metodă 155

Haleem 156

    Ingrediente 156

    metodă 157

Cotlet de oaie Masala verde 158

    Ingrediente 158

    metodă 159

Ficat de miel cu schinduf 160

    Ingrediente 160

metodă 160
Carne de vită Hussaini.. 162
   Ingrediente 162
   Pentru amestecul de condimente:... 162
   metodă 163
Matei Miel 164
   Ingrediente 164
   metodă 165
Carne de vită înăuntru 166
   Ingrediente 166
   Pentru amestecul de condimente:... 166
   metodă 167
tocană de miel.. 168
   Ingrediente 168
   metodă 168
Miel aromat cu cardamom 170
   Ingrediente 170
   metodă 171
Kheema 172
   Ingrediente 172
   metodă 172
Friptură de porc picant 173
   Ingrediente 173
   Pentru amestecul de condimente:... 173
   metodă 174
Tandoori Raan 175
   Ingrediente 175

metodă 176
Miel Talaa 177
    Ingrediente 177
    Pentru amestecul de condimente: 177
    metodă 178
Limbă înăbușită 179
    Ingrediente 179
    metodă 180
Carne de oaie prăjită 181
    Ingrediente 181
    metodă 182
Ficat prajit Masala 183
    Ingrediente 183
    metodă 184
Limba de vita picanta 185
    Ingrediente 185
    metodă 186
Trecerea mieilor 187
    Ingrediente 187
    metodă 187
Miel și curry de mere 188
    Ingrediente 188
    metodă 189
Carne de oaie uscată în stil Andhra 190
    Ingrediente 190
    metodă 190
Un simplu curry de vită 192

Ingrediente 192
    metodă 192
Gosht Korma 193
    Ingrediente 193
    metodă 194
Cotlete Erachi 195
    Ingrediente 195
    metodă 196
Carne tocată complet prăjită 197
    Ingrediente 197
    metodă 197
Kaleji Do Pyaaz 198
    Ingrediente 198
    metodă 199
Miel cu oase 200
    Ingrediente 200
    metodă 201
Friptură Vindaloo 202
    Ingrediente 202
    metodă 203
Carne de vită curry 204
    Ingrediente 204
    metodă 205
Carne de oaie cu dovleac 206
    Ingrediente 206
    metodă 207
Gustaf 208

Ingrediente 208
    metodă 209
Carne de oaie cu un amestec de verdeață și ierburi 210
    Ingrediente 210
    metodă 211
Miel cu lămâie 212
    Ingrediente 212
    metodă 213
Pasanda de miel cu migdale 214
    Ingrediente 214
    metodă 215
Carne de porc Chili Fry 216
    Ingrediente 216
    metodă 217
Mutton Shah Jahan 218
    Ingrediente 218
    Pentru amestecul de condimente: 218
    metodă 219

Kele ki Bhaji

(curry cu banane necoapte)

Porti 4

Ingrediente

6 banane necoapte, decojite și tăiate în bucăți groase de 2,5 cm

Adăugați sare după gust

3 linguri de ulei vegetal rafinat

1 ceapa mare, tocata marunt

2 catei de usturoi presati

2-3 ardei iute verzi, tăiați pe lungime

1 cm/½ rădăcină de ghimbir

1 lingurita de turmeric

½ lingurita de chimion

½ nucă de cocos proaspătă, rasă

metodă

- Înmuiați bananele în apă rece și sare timp de o oră. Scurgeți și puneți deoparte.

- Încinge uleiul într-o tigaie. Adăugați ceapa, usturoiul, ardeiul iute și ghimbirul. Prăjiți-le la foc mediu până ce ceapa devine maro aurie.

- Adăugați bananele și turmericul, chimenul și sarea. Amesteca bine. Acoperiți cu un capac și gătiți la foc mic timp de 5-6 minute.

- Adăugați nuca de cocos, amestecați ușor și gătiți timp de 2-3 minute. Se serveste fierbinte.

Nucă de cocos Kathal

(fructe de jac verde cu nucă de cocos)

Porti 4

Ingrediente

500g/1lb 2oz fructe de pâine necoapte*, decojite si tocate

500 ml/16 fl oz apă

Adăugați sare după gust

100 ml/3½ fl oz ulei de muștar

2 foi de dafin

1 lingurita chimen

1 lingurita pasta de ghimbir

250 ml lapte de cocos

Zahăr după gust

Pentru condimente:

75 g/2½ oz ghee

1 cm/½ în scorțișoară

4 capsule de cardamom verde

1 lingurita pudra de chili

2 ardei iute verzi, tăiați pe lungime

metodă

- Se amestecă bucăţile de fructe de jac cu apă şi sare. Gătiţi acest amestec într-o cratiţă la foc mediu timp de 30 de minute. Scurgeţi şi puneţi deoparte.

- Se încălzeşte uleiul de muştar într-o oală. Adăugaţi frunza de dafin şi chimen. Lăsaţi-le să pulverizeze timp de 15 secunde.

- Adauga fructele de jac si pasta de ghimbir, laptele de cocos si zaharul. Gatiti 3-4 minute, amestecand continuu. Pus deoparte.

- Încinge ghee într-o tigaie. Adăugaţi ingrediente de condimente. Se prăjeşte timp de 30 de secunde.

- Turnaţi acest amestec peste amestecul de fructe de jac. Se serveste fierbinte.

Felii picante de igname

Porti 4

Ingrediente

500g/1lb 2oz de dulce

1 ceapă medie

1 lingurita pasta de ghimbir

1 lingurita pasta de usturoi

1 lingurita pudra de chili

1 lingurita coriandru macinat

4 cuişoare

1 cm/½ în scorţişoară

4 capsule de cardamom verde

½ lingurita piper

50g/1¾oz frunze de coriandru

50g/1¾oz frunze de mentă

Adăugaţi sare după gust

Ulei vegetal rafinat pentru prajit

metodă

- Curățați cartofii dulci și tăiați-l în felii groase de 1 cm/½. Se fierbe la abur timp de 5 minute. Pus deoparte.

- Se macină restul ingredientelor, cu excepția uleiului, într-un aluat neted.

- Aplicați pasta pe ambele părți ale feliilor de cartofi dulci.

- Încinge uleiul într-o tigaie antiaderentă. Adăugați tăvile de groapă. Se prajesc pe ambele parti pana se rumenesc, adaugand putin ulei de-a lungul marginilor. Se serveste fierbinte.

Yam Masala

Porti 4

Ingrediente

400g/14oz igname, decojite și tăiate cubulețe

750 ml/1¼ litri de apă

Adăugați sare după gust

3 linguri de ulei vegetal rafinat

¼ semințe de muștar

2 ardei iute roșii întregi, tăiați grosier

¼ linguriță de turmeric

¼ linguriță de chimen măcinat

1 lingurita coriandru macinat

3 linguri de arahide, zdrobite grosier

metodă

- Fierbeți cartofii dulci cu apă și sare într-o cratiță timp de 30 de minute. Scurgeți și puneți deoparte.

- Încinge uleiul într-o tigaie. Adăugați semințele de muștar și bucățile de ardei iute roșu. Lăsați-le să pulverizeze timp de 15 secunde.

- Adăugați ingredientele rămase și cartofii dulci fierți. Amesteca bine. Gatiti la foc mic timp de 7-8 minute. Se serveste fierbinte

Masala de sfeclă

Porti 4

Ingrediente

2 linguri de ulei vegetal rafinat

3 cepe mici, tocate mărunt

½ lingurita pasta de ghimbir

½ lingurita pasta de usturoi

3 ardei iute verzi, tăiați pe lungime

3 sfecla, curatata si tocata

¼ linguriță de turmeric

1 lingurita coriandru macinat

¼ linguriță garam masala

Adăugați sare după gust

125 g/4½ oz piure de roșii

1 lingura frunze de coriandru, tocate

metodă

- Încinge uleiul într-o tigaie. Adăugați ceapa. Prăjiți-le la foc mediu până devin transparente.

- Adauga pasta de ghimbir, pasta de usturoi si ardei verde. Se calesc la foc mic timp de 2-3 minute.

- Adăugați sfecla roșie, turmeric, coriandru măcinat, garam masala, sare și piure de roșii. Amesteca bine. Gatiti 7-8 minute. Se ornează cu frunze de coriandru. Se serveste fierbinte.

Varza de fasole Masala

Porti 4

Ingrediente

2 linguri de ulei vegetal rafinat

3 cepe mici, tocate mărunt

4 ardei iute verzi, tocati marunt

1 cm/½ în rădăcină de ghimbir, tocată mărunt

8 usturoi presați

¼ linguriță de turmeric

1 lingurita coriandru macinat

2 rosii, tocate marunt

200g/7oz fasole mung încolțită, fiertă la abur

Adăugați sare după gust

1 lingura frunze de coriandru, tocate

metodă

- Încinge uleiul într-o tigaie. Adăugați ceapa, ardei iute verde, ghimbir și usturoi. Prăjiți amestecul la foc mediu până când ceapa devine maro aurie.

- Adăugați ingredientele rămase, cu excepția frunzelor de coriandru. Amesteca bine. Gatiti amestecul la foc mic timp de 8-10 minute, amestecand din cand in cand.

- Se ornează cu frunze de coriandru. Se serveste fierbinte.

Mirch Masala

(ardei verde iute)

Porti 4

Ingrediente

100 g/3½ oz spanac, tocat mărunt

10 g/¼ oz frunze de schinduf, tocate mărunt

25 g frunze de coriandru mici, tocate mărunt

3 ardei iute verzi, tăiați pe lungime

60 ml/2 fl oz apă

3½ linguri de ulei vegetal rafinat

2 linguri fasole*

1 cartof mare, fiert și piure

¼ linguriță de turmeric

2 linguri coriandru macinat

½ linguriță de pudră de chili

Adăugați sare după gust

8 ardei verzi mici, fără miez și fără semințe

1 ceapa mare tocata marunt

2 rosii, tocate marunt

metodă

- Se amestecă spanacul, schinduful, frunzele de coriandru şi ardeiul iute cu apă. Se fierbe amestecul timp de 15 minute. Scurgeți şi măcinați acest amestec într-o pastă.

- Încinge jumătate din ulei într-o tigaie. Adăugați besan, cartofi, turmeric, coriandru măcinat, praf de chili, sare şi pasta de spanac. Amesteca bine. Prăjiți acest amestec la foc mediu timp de 3-4 minute. Se ia de pe foc.

- Umpleți acest amestec în ardei verzi.

- Se încălzeşte ½ lingură de ulei într-o tigaie. Adăugați ardeii umpluți. Prăjiți-le la foc mediu timp de 7-8 minute, întorcându-le din când în când. Pus deoparte.

- Încinge uleiul rămas într-o tigaie. Adăugați ceapa. Se prăjeşte la foc mediu până se rumeneşte. Adăugați roşia şi ardeiul umplut prăjit. Amesteca bine. Acoperiți cu un capac şi gătiți la foc mic timp de 4-5 minute. Se serveste fierbinte.

Roșii Kadhi

(Roșii în sos de făină de grame)

Porti 4

Ingrediente

2 linguri fasole*

120 ml apă

3 linguri de ulei vegetal rafinat

½ linguriță de semințe de muștar

½ linguriță de semințe de schinduf

½ lingurita de chimion

2 ardei iute verzi tăiați pe lungime

8 frunze de curry

1 lingurita pudra de chili

2 lingurite de zahar

150 g/5½ oz amestec de legume congelate

Adăugați sare după gust

8 roșii, albite și piureate

2 linguri frunze de coriandru, tocate mărunt

metodă

- Amestecați besanul cu apă pentru a obține o pastă netedă. Pus deoparte.

- Încinge uleiul într-o cratiță. Adăugați muștar, schinduf și chimen, ardei iute verde, frunze de curry, praf de ardei iute și zahăr. Lăsați-le să pulverizeze timp de 30 de secunde.

- Adăugați legume și sare. Prăjiți amestecul la foc mediu timp de un minut.

- Adăugați piureul de roșii. Amesteca bine. Se fierbe amestecul la foc mic timp de 5 minute.

- Adăugați pastă de besan. Gatiti inca 3-4 minute.

- Ornează kadhi cu frunze de coriandru. Se serveste fierbinte.

Kolhapuri de legume

(Amestec de legume fierbinți)

Porti 4

Ingrediente

200g/7oz amestec de legume congelate

125 g/4½ oz mazăre congelată

500 ml/16 fl oz apă

2 ardei iute roșii

2,5 cm/1 inch rădăcină de ghimbir

8 catei de usturoi

2 ardei iute verzi

50g/1¾oz frunze de coriandru, tocate mărunt

3 linguri de ulei vegetal rafinat

3 cepe mici, tocate mărunt

3 rosii, tocate marunt

¼ linguriță de turmeric

¼ lingurita coriandru macinat

Adăugați sare după gust

metodă

- Se amestecă legumele și mazărea cu apă. Gatiti amestecul intr-o cratita la foc mediu timp de 10 minute. Pus deoparte.

- Măcinați ardei iute roșu, ghimbir, usturoi, ardei iute verde și frunze de coriandru într-o pastă fină.

- Încinge uleiul într-o tigaie. Adăugați pasta de ghimbir chili roșu măcinat și ceapa. Prăjiți amestecul la foc mediu timp de 2 minute.

- Adăugați roșiile, turmeric, coriandru măcinat și sare. Prăjiți acest amestec timp de 2-3 minute, amestecând din când în când.

- Adăugați legumele fierte. Amesteca bine. Acoperiți cu un capac și gătiți amestecul la foc mic timp de 5-6 minute, amestecând regulat.

- Se serveste fierbinte.

Undhiyu

(Gujarati amestecat de legume cu găluște)

Porti 4

Ingrediente

2 cartofi mari, curatati de coaja

250 g fasole

1 banană necoaptă, decojită

20g/¾oz igname, decojite

2 vinete mai mici

60 g/2 oz nucă de cocos proaspătă rasă

8 catei de usturoi

2 ardei iute verzi

2,5 cm/1 inch rădăcină de ghimbir

100 g/3½ oz frunze de coriandru, tocate mărunt

Adăugați sare după gust

60 ml/2 fl oz ulei vegetal rafinat plus aditiv pentru prăjit

Un praf de asafetida

½ linguriță de semințe de muștar

250 ml/8 fl oz apă

Pentru muttys:

60g/2oz besan*

25 g/mică 1 oz frunze proaspete de schinduf, tăiate mărunt

½ lingurita pasta de ghimbir

2 ardei iute verzi, tocati marunt

metodă

- Tăiați cubulețe cartofi, fasole, banane, igname și vinete. Pus deoparte.
- Măcinați nucă de cocos, usturoi, ardei iute verzi, ghimbir și frunze de coriandru într-o pastă. Amestecă aceste paste cu legume tăiate cubulețe și sare. Pus deoparte.
- Se amestecă toate ingredientele pentru muthian. Frământați amestecul într-un aluat ferm. Împărțiți aluatul în bile de mărimea unei nuci.
- Se incinge uleiul de prajit intr-o tigaie. Adăugați muthias. Prăjiți-le la foc mediu până se rumenesc. Scurgeți și puneți deoparte.
- Încinge uleiul rămas într-o tigaie. Adauga asafetida si semintele de mustar. Lăsați-le să pulverizeze timp de 15 secunde.
- Adăugați apă, muthias și legume amestecate. Amesteca bine. Acoperiți și fierbeți timp de 20 de minute, amestecând regulat. Se serveste fierbinte.

Banana Kofta Curry

Porti 4

Ingrediente
Pentru cardigane:

2 banane necoapte, fierte si curatate de coaja

2 cartofi mari, fierti si curatati de coaja

3 ardei iute verzi, tocati marunt

1 ceapa mare tocata marunt

1 lingura frunze de coriandru, tocate marunt

1 lingura fasolea*

½ linguriță de pudră de chili

Adăugați sare după gust

Ghee pentru prăjit

Pentru curry:

75 g/2½ oz ghee

1 ccapa mare tocata marunt

10 usturoi presați

1 lingura coriandru macinat

1 lingurita garam masala

2 rosii, tocate marunt

3 frunze de curry

Adăugați sare după gust

250 ml/8 fl oz apă

½ lingurita frunze de coriandru, tocate marunt

metodă

- Se pasează bananele şi cartofii împreună.
- Se amestecă cu ingredientele kofta rămase, cu excepția ghee-ului. Frământați acest amestec într-un aluat ferm. Împărțiți aluatul în bile de mărimea unei nuci pentru a face koftis.
- Se încălzeşte ghee pentru prăjit într-o tigaie. Adăugați koftas. Prăjiți-le la foc mediu până se rumenesc. Scurgeți și puneți deoparte.
- Pentru curry, încălziți ghee într-o tigaie. Adăugați ceapa şi usturoiul. Se prăjeşte la foc mediu până când ceapa devine transparentă. Adăugați coriandru măcinat şi garam masala. Se prăjeşte 2-3 minute.
- Adăugați roşiile, frunzele de curry, sare şi apă. Amesteca bine. Gatiti amestecul timp de 15 minute, amestecand din cand in cand.
- Adăugați koftas prăjiți. Acoperiți cu un capac şi continuați să fierbeți timp de 2-3 minute.
- Se ornează cu frunze de coriandru. Se serveste fierbinte.

Trtăcuță amară cu ceapă

Porti 4

Ingrediente

500 g/1lb 2oz tărtăcuță amară*

Adăugați sare după gust

750 ml/1¼ litri de apă

4 linguri de ulei vegetal rafinat

½ lingurita de chimion

½ linguriță de semințe de muștar

Un praf de asafetida

½ lingurita pasta de ghimbir

½ lingurita pasta de usturoi

2 cepe mari tocate marunt

½ linguriță de turmeric

1 lingurita pudra de chili

1 lingurita chimen macinat

1 lingurita coriandru macinat

1 lingurita de zahar

Sucul de la 1 lămâie

1 lingura frunze de coriandru, tocate marunt

metodă

- Curățați tărtăcuțele amare și tăiați-le în inele subțiri. Aruncați semințele.
- Gătiți-le cu sare și apă într-o cratiță la foc mediu timp de 5-7 minute. Se ia de pe foc, se scurge si se scurge, se da deoparte.
- Încinge uleiul într-o cratiță. Se adauga chimen si seminte de mustar. Lăsați-le să pulverizeze timp de 15 secunde.
- Adauga asafoetida, pasta de ghimbir si pasta de usturoi. Prăjiți amestecul la foc mediu timp de un minut.
- Adăugați ceapa. Prăjiți-le timp de 2-3 minute.
- Adăugați turmeric, pudră de chili, chimen măcinat și coriandru măcinat. Amesteca bine.

- Adăugați tărtăcuța amară, zahărul și zeama de lămâie. Amestecați bine. Acoperiți cu un capac și gătiți amestecul la foc mic timp de 6-7 minute, amestecând regulat.
- Se ornează cu frunze de coriandru. Se serveste fierbinte.

Sukha Khatta Chana

(Naut murat uscat)

Porti 4

Ingrediente

4 boabe de piper negru

2 cuișoare

2,5 cm/1 în scorțișoară

½ linguriță de semințe de coriandru

½ linguriță de semințe de chimen negru

½ lingurita de chimion

500g/1lb 2oz năut, înmuiat peste noapte

Adăugați sare după gust

1 litru/1¾ litru de apă

1 lingura de seminte uscate de rodie

Adăugați sare după gust

1 cm/½ în rădăcină de ghimbir, tocată mărunt

1 ardei iute verde, tocat

2 lingurite pasta de tamarind

2 linguri de ghee

1 cartof mic, taiat cubulete

1 rosie, tocata marunt

metodă

- Pentru amestecul de condimente, măcinați boabele de piper, cuişoare, scorţişoară, coriandru, seminţe de chimen negru şi chimen într-o pudră fină. Pus deoparte.
- Se amestecă năutul cu sare şi apă. Gătiţi acest amestec într-o cratiţă la foc mediu timp de 45 de minute. Pus deoparte.
- Prăjiţi seminţele de rodie într-o tigaie la foc mediu timp de 2-3 minute. Se ia de pe foc şi se macină până la o pulbere. Se amestecă cu sare şi se prăjeşte din nou amestecul timp de 5 minute. Transferaţi într-o cratiţă.
- Adăugaţi ghimbir, chili verde şi pasta de tamarind. Gatiti acest amestec la foc mediu timp de 4-5 minute. Adăugaţi amestecul de condimente măcinat. Se amestecă bine şi se lasă deoparte.
- Încălziţi ghee într-o altă tigaie. Adăugaţi cartofii. Prăjiţi-le la foc mediu până se rumenesc.
- Adăugaţi cartofii prăjiţi la năut fiert. Adăugaţi şi amestecul de condimente măcinat de tamarind.
- Se amestecă bine şi se fierbe la foc mic timp de 5-6 minute.

Bharwan Karela

(jaggery umplut)

Porti 4

Ingrediente

500g/1lb 2oz tărtăcuțe amare mici*

Adăugați sare după gust

1 lingurita de turmeric

Ulei vegetal rafinat pentru prajit

Pentru umplutura:

5-6 ardei iute verzi

2,5 cm/1 inch rădăcină de ghimbir

12 catei de usturoi

3 cepe mici

1 lingura de ulei vegetal rafinat

4 cartofi mari, fierți și piureați

½ linguriță de turmeric

½ linguriță de pudră de chili

1 lingurita chimen macinat

1 lingurita coriandru macinat

Un praf de asafetida

Adăugați sare după gust

metodă

- Curățați tărtăcuțele amare. Tăiați-le cu grijă pe lungime, păstrând fundul intact. Scoateți semințele și pulpa și aruncați. Frecați sare și turmeric pe pielea exterioară. Lasă-le deoparte 4-5 ore.
- Pentru umplutură, măcinați ardei iute, ghimbir, usturoi și ceapa într-o pastă. Pus deoparte.
- Se încălzește 1 lingură de ulei într-o tigaie. Adăugați ceapa, ghimbirul și pasta de usturoi. Prăjiți-l la foc mediu timp de 2-3 minute.
- Adăugați ingredientele rămase în umplutură. Amesteca bine. Prăjiți amestecul la foc mediu timp de 3-4 minute.
- Se ia de pe foc și se răcește amestecul. Umpleți acest amestec în dovleci. Legați fiecare dovleac cu sfoară, astfel încât umplutura să nu cadă în timpul gătirii.
- Se incinge uleiul de prajit intr-o tigaie. Adăugați dovleceii umpluți. Prăjiți-le la foc mediu până devin aurii și crocante, întorcându-le des.
- Desfaceți nodurile și aruncați firele. Se serveste fierbinte.

Varză Kofta Curry

(rotunde cu varza in sos)

Porti 4

Ingrediente

1 varză mare, mărunțită

250g/9oz besan*

Adăugați sare după gust

Ulei vegetal rafinat pentru prajit

2 linguri frunze de coriandru, pentru decor

Pentru sos:

3 linguri de ulei vegetal rafinat

3 foi de dafin

1 cardamom negru

1 cm/½ în scorțișoară

1 cuișoare

1 ceapa mare,

tocat mărunt

2,5 cm/1 în rădăcină de ghimbir, tăiată

3 rosii, tocate marunt

1 lingurita coriandru macinat

1 lingurita chimen macinat

Adăugați sare după gust

250 ml/8 fl oz apă

metodă

- Framantam varza, fasolea si sarea intr-un aluat moale. Împărțiți aluatul în bile de mărimea unei nuci.
- Încinge uleiul într-o tigaie. Adăugați biluțele. Prăjiți-le la foc mediu până se rumenesc. Scurgeți și puneți deoparte.
- Pentru sos, încălziți uleiul într-o cratiță. Adăugați frunze de dafin, cardamom, scorțișoară și cuișoare. Lăsați-le să pulverizeze timp de 30 de secunde.
- Adăugați ceapa și ghimbirul. Prăjiți acest amestec la foc mediu până când ceapa devine translucidă.
- Adăugați roșiile, coriandru măcinat și chimen măcinat. Amesteca bine. Se prăjește 2-3 minute.
- Adăugați sare și apă. Se amestecă timp de un minut. Acoperiți cu un capac și fierbeți timp de 5 minute.
- Deschideți tava și adăugați biluțele de kofta. Gatiti inca 5 minute, amestecand din cand in cand.
- Se ornează cu frunze de coriandru. Se serveste fierbinte.

Ananas Goju

(compot picant de ananas)

Porti 4

Ingrediente

3 linguri de ulei vegetal rafinat

250 ml/8 fl oz apă

1 linguriță de semințe de muștar

6 frunze de curry, zdrobite

Un praf de asafetida

½ linguriță de turmeric

Adăugați sare după gust

400g/14oz ananas, tocat

Pentru amestecul de condimente:

4 linguri nuca de cocos proaspata rasa

3 ardei iute verzi

2 ardei iute roșii

½ linguriță de semințe de fenicul

½ linguriță de semințe de schinduf

1 lingurita chimen

2 linguri de seminte de coriandru

1 buchet mic de frunze de coriandru

1 cuișoare

2-3 boabe de piper

metodă

- Se amestecă toate ingredientele pentru amestecul de condimente.
- Încinge 1 lingură de ulei într-o tigaie. Adăugați amestecul de condimente. Prăjiți-l la foc mediu timp de 1-2 minute, amestecând des. Se ia de pe foc și se macină cu jumătate de apă până la o pastă netedă. Pus deoparte.
- Se încălzește uleiul rămas într-o cratiță. Adăugați semințele de muștar și frunzele de curry. Lăsați-le să pulverizeze timp de 15 secunde.
- Adăugați asafetida, turmeric și sare. Se prăjește timp de un minut.
- Adăugați ananasul, amestecul de condimente și apa rămasă. Amesteca bine. Acoperiți cu un capac și fierbeți timp de 8-12 minute. Se serveste fierbinte.

Goju tărtăcuță amară

(compot de tărtăcuță amară picant)

Porti 4

Ingrediente

Adăugați sare după gust

4 tărtăcuțe mari amare*, curatat de coaja, taiat pe lungime, curatat de seminte si feliat

6 linguri de ulei vegetal rafinat

1 linguriță de semințe de muștar

8-10 frunze de curry

1 ceapa mare, rasa

3-4 catei de usturoi presati

2 linguri pudra de chili

1 lingurita chimen macinat

½ linguriță de turmeric

1 lingurita coriandru macinat

2 lingurițe de pudră de sambhar*

2 lingurite nuca de cocos proaspata, tocata

1 linguriță de semințe de schinduf, prăjite uscat și măcinate

2 lingurite de susan alb, prajit uscat si macinat

2 linguri jaggery*, topit

½ lingurita pasta de tamarind

250 ml/8 fl oz apă

Un praf de asafetida

metodă

- Frecați sarea pe feliile de tărtăcuță amară. Puneți-le într-un bol şi acoperiți-l cu folie. Se lasa deoparte 30 de minute. Stoarceți orice exces de umiditate.
- Încinge jumătate din ulei într-o tigaie. Adăugați jaggery. Prăjiți-le la foc mediu până se rumenesc. Pus deoparte.
- Încălziți uleiul rămas într-o altă tigaie. Adăugați semințele de muştar şi frunzele de curry. Lăsați-le să pulverizeze timp de 15 secunde.
- Adăugați ceapa şi usturoiul. Prăjiți acest amestec la foc mediu până când ceapa devine maro aurie.
- Adăugați pudră de chili, chimen măcinat, turmeric, coriandru măcinat, pudră de sambhar şi nucă de cocos. Se prăjeşte 2-3 minute.
- Adăugați ingredientele rămase, cu excepția apei şi asafetida. Se prăjeşte încă un minut.
- Adăugați hamsii prăjiți, puțină sare şi apă. Amesteca bine. Acoperiți cu un capac şi fierbeți timp de 12-15 minute.
- Adăugați asafetida. Amesteca bine. Se serveste fierbinte.

Baingan Mirchi ka Salan

(vinete și ardei iute)

Porti 4

Ingrediente

6 ardei verzi intregi

4 linguri de ulei vegetal rafinat

600 g/1 lb vinete mici, tăiate în sferturi

4 ardei iute verzi

1 lingurita de seminte de susan

10 caju

20-25 de arahide

5 boabe de piper negru

¼ linguriță de semințe de schinduf

¼ de linguriță de semințe de muștar

1 lingurita pasta de ghimbir

1 lingurita pasta de usturoi

1 lingurita coriandru macinat

1 lingurita chimen macinat

½ linguriță de turmeric

125 g/4½ oz iaurt

2 lingurite pasta de tamarind

3 ardei iute roșii întregi

Adăugați sare după gust

1 litru/1¾ litru de apă

metodă

- Curățați semințele de ardei verzi și tăiați-le în fâșii lungi.
- Încinge 1 lingură de ulei într-o tigaie. Adăugați ardei verde și prăjiți-l la foc mediu timp de 1-2 minute. Pus deoparte.
- Încălziți 2 linguri de ulei într-o altă oală. Adăugați vinetele și ardeiul verde. Se fierbe la foc mediu timp de 2-3 minute. Pus deoparte.
- Încinge o tigaie și prăjește semințele de susan, caju, alune și boabe de piper la foc mediu timp de 1-2 minute. Se ia de pe foc si se macina grosier amestecul.
- Se încălzește uleiul rămas într-o cratiță. Adaugati seminte de schinduf, boabe de mustar, pasta de ghimbir, pasta de usturoi, coriandru macinat, chimen macinat, turmeric si un amestec de seminte de susan si caju. Se prăjește la foc mediu timp de 2-3 minute.
- Adăugați ardei verde înăbușit, vinete înăbușiți și toate celelalte ingrediente. Se fierbe timp de 10-12 minute.
- Se serveste fierbinte.

Pui cu verdeata

Porti 4

Ingrediente

750g/1lb 10oz pui, tăiat în 8 bucăți

50g/1¾oz spanac, tocat mărunt

25 g/mică 1 oz frunze proaspete de schinduf, tăiate mărunt

100 g/3½ oz frunze de coriandru, tocate mărunt

50g/1¾oz frunze de menta, tocate marunt

6 ardei iute verzi, tocati marunt

120 ml/4 fl oz ulei vegetal rafinat

2-3 cepe mari, tocate mărunt

Adăugați sare după gust

metodă

- Se amestecă toate ingredientele pentru marinadă. Marinați puiul în acest amestec timp de o oră.
- Măcinați spanacul, frunzele de schinduf, frunzele de coriandru și frunzele de mentă împreună cu ardei iute verzi într-un aluat neted. Amestecă aceste paste cu pui marinat. Pus deoparte.
- Încinge uleiul într-o tigaie. Adăugați ceapa. Prăjiți-le la foc mediu până se rumenesc.

- Adăugați amestecul de pui și sare. Amesteca bine. Acoperiți cu un capac și gătiți la foc mic timp de 40 de minute, amestecând din când în când. Se serveste fierbinte.

Pentru marinata:

1 lingurita garam masala

1 lingurita coriandru macinat

1 lingurita chimen macinat

200 g/7 oz iaurt

¼ linguriță de turmeric

1 lingurita pudra de chili

1 lingurita pasta de ghimbir

1 lingurita pasta de usturoi

Pui tikka masala

Porti 4

Ingrediente

200 g/7 oz iaurt

½ lingură de pastă de ghimbir

½ lingură de pastă de usturoi

Un praf de colorant alimentar portocaliu

2 linguri de ulei vegetal rafinat

500 g pui dezosat, tăiat în bucăți mici

1 lingura de unt

6 rosii, tocate marunt

2 cepe mari

½ lingurita pasta de ghimbir

½ lingurita pasta de usturoi

½ linguriță de turmeric

1 lingura garam masala

1 lingurita pudra de chili

Adăugați sare după gust

1 lingura frunze de coriandru, tocate marunt

metodă

- Pentru tikka, amestecați iaurt, pasta de ghimbir, pasta de usturoi, colorant alimentar și 1 lingură de ulei. Marinați puiul în acest amestec timp de 5 ore.
- Puiul marinat la grătar timp de 10 minute. Pus deoparte.
- Se încălzește untul într-o oală. Adăugați roșiile. Prăjiți-le la foc mediu timp de 3-4 minute. Se ia de pe foc și se amestecă până la o pastă netedă. Pus deoparte.
- Măcinați ceapa până la o pastă netedă.
- Încinge uleiul rămas într-o tigaie. Adăugați pasta de ceapă. Se prăjește la foc mediu până se rumenește.

- Adăugați pasta de ghimbir și pasta de usturoi. Se prăjește timp de un minut.
- Adăugați turmeric, garam masala, pudră de chili și piure de roșii. Amesteca bine. Amestecați amestecul timp de 3-4 minute.
- Se condimentează cu sare și se adaugă puiul prăjit. Se amestecă ușor până când sosul îmbracă puiul.
- Se ornează cu frunze de coriandru. Se serveste fierbinte.

Pui umplut picant într-un sos bogat

Porti 4

Ingrediente

½ linguriță de pudră de chili

½ linguriță garam masala

4 lingurite de pasta de ghimbir

4 lingurite pasta de usturoi

Adăugați sare după gust

8 piept de pui, turtit

4 cepe mari tocate marunt

5cm/1in rădăcină de ghimbir, tocată mărunt

5 ardei iute verzi, tocati marunt

200 g/7 oz khoya*

2 linguri de suc de lamaie

50g/1¾oz frunze de coriandru, tocate mărunt

15 caju

5 lingurite nuca de cocos deshidratata

30 g/1 oz migdale fulgi

1 lingurita de sofran, inmuiata in 1 lingurita de lapte

150 g/5½ oz ghee

200g/7oz iaurt, bătut

metodă

- Se amestecă pudră de chili, garam masala, jumătate pastă de ghimbir, jumătate pastă de usturoi și puțină sare. Marinați pieptul de pui în acest amestec timp de 2 ore.
- Se amestecă jumătate de ceapă cu ghimbir tocat, ardei iute verde, khoya, suc de lămâie, sare și jumătate din frunzele de coriandru. Împărțiți acest amestec în 8 părți egale.
- Așezați fiecare secțiune pe capătul îngust al fiecărui piept de pui și rulați spre interior pentru a sigila pieptul. Pus deoparte.
- Preîncălziți cuptorul la 200°C (400°F, marcajul de gaz 6). Pune pieptul de pui umplut intr-o tava unsa cu unt si coace 15-20 de minute pana se rumeneste. Pus deoparte.
- Măcinați împreună nucile de caju și nuca de cocos până la o pastă netedă. Pus deoparte.
- Înmuiați migdalele în amestecul de lapte cu șofran. Pus deoparte.
- Încinge ghee într-o tigaie. Adăugați ceapa rămasă. Prăjiți-le la foc mediu până devin transparente. Adăugați restul de pasta de ghimbir și pasta de usturoi. Prăjiți amestecul timp de un minut.
- Adauga nuca caju si pasta de cocos. Se prăjește timp de un minut. Adăugați iaurtul și pieptul de pui prăjit. Amesteca bine. Gatiti la foc mic timp de 5-6 minute, amestecand des. Adăugați amestecul de migdale și șofran. Se amestecă ușor. Se fierbe timp de 5 minute.

- Se ornează cu frunze de coriandru. Se serveste fierbinte.

Masala de pui picant

Porti 4

Ingrediente

6 ardei iute roșu uscat întreg

2 linguri seminte de coriandru

6 capsule de cardamom verde

6 cuișoare

5 cm/2 în scorțișoară

2 linguri de semințe de fenicul

½ linguriță boabe de piper negru

120 ml/4 fl oz ulei vegetal rafinat

2 cepe mari, feliate

1 cm/½ în ghimbir, ras

8 usturoi presați

2 rosii mari, tocate marunt

3-4 foi de dafin

1 kg/2¼ lb pui, tăiat în 12 bucăți

½ linguriță de turmeric

Adăugați sare după gust

500 ml/16 fl oz apă

100 g/3½ oz frunze de coriandru, tocate mărunt

metodă

- Amestecați chili roșu, semințe de coriandru, cardamom, cuișoare, scorțișoară, semințe de fenicul și boabe de piper.
- Uscați amestecul și măcinați-l într-o pulbere. Pus deoparte.
- Încinge uleiul într-o tigaie. Adăugați ceapa. Prăjiți-le la foc mediu până se rumenesc.
- Adăugați ghimbir și usturoi. Se prăjește timp de un minut.
- Adăugați roșiile, foile de dafin și ardeiul iute roșu măcinat și pudra de semințe de coriandru. Continuați să prăjiți timp de 2-3 minute.
- Adăugați pui, turmeric, sare și apă. Amesteca bine. Acoperiți și gătiți timp de 40 de minute, amestecând regulat.
- Ornează puiul cu frunze de coriandru. Se serveste fierbinte.

pui de kashmir

Porti 4

Ingrediente

2 linguri de otet de malt

2 lingurite fulgi de chili

2 linguriţe de seminţe de muştar

2 lingurite chimen

½ linguriță boabe de piper negru

7,5 cm/3 în scorţişoară

10 cuişoare

75 g/2½ oz ghee

1 kg/2¼ lb pui, tăiat în 12 bucăţi

1 lingura de ulei vegetal rafinat

4 foi de dafin

4 cepe medii, tocate mărunt

1 lingura pasta de ghimbir

1 lingura pasta de usturoi

3 rosii, tocate marunt

1 lingurita de turmeric

500 ml/16 fl oz apă

Adăugați sare după gust

20 de caju, măcinate

6 fire de sofran inmuiate in sucul de la 1 lamaie

metodă

- Amestecați oțetul de malț cu ardei iute, semințe de muștar, chimen, boabe de piper, scorțișoară și cuișoare. Măcinați acest amestec până la o pastă netedă. Pus deoparte.
- Încinge ghee într-o tigaie. Adăugați bucățile de pui și prăjiți-le la foc mediu până devin aurii. Scurgeți și puneți deoparte.
- Încinge uleiul într-o cratiță. Adăugați frunza de dafin și ceapa. Prăjiți acest amestec la foc mediu până când ceapa devine maro aurie.
- Adăugați pasta de oțet. Se amestecă bine și se fierbe la foc mic timp de 7-8 minute.
- Adăugați pasta de ghimbir și pasta de usturoi. Prăjiți acest amestec timp de un minut.
- Adăugați roșiile și turmeric. Se amestecă bine și se fierbe la foc mediu timp de 2-3 minute.
- Se adauga puiul prajit, apa si sarea. Se amestecă bine pentru a acoperi puiul. Acoperiți și fierbeți timp de 30 de minute, amestecând din când în când.
- Adăugați caju și șofran. Continuați să fierbeți timp de 5 minute. Se serveste fierbinte.

Rom și pui

Porti 4

Ingrediente

1 lingurita garam masala

1 lingurita pudra de chili

1 kg/2¼ lb pui, tăiat în 8 bucăți

6 catei de usturoi

4 boabe de piper negru

4 cuișoare

½ lingurita de chimion

2,5 cm/1 în scorțișoară

50g/1¾oz nucă de cocos proaspătă, rasă

4 migdale

1 capsulă de cardamom verde

1 lingura seminte de coriandru

300 ml/10 fl oz apă

75 g/2½ oz ghee

3 cepe mari tocate marunt

Adăugați sare după gust

½ linguriță de șofran

120 ml rom negru

1 lingura frunze de coriandru, tocate marunt

metodă

- Se amestecă garam masala şi pudra de chili. Marinaţi puiul în acest amestec timp de 2 ore.
- Usturoi prăjit uscat, boabe de piper, cuişoare, chimen, scorţişoară, nucă de cocos, migdale, cardamom şi seminţe de coriandru.
- Măcinaţi cu 60 ml/2 fl oz apă până la o pastă netedă. Pus deoparte.
- Încinge ghee într-o tigaie. Adăugaţi ceapa şi gătiţi la foc mediu până devine translucid.
- Adăugaţi pasta de usturoi şi ardei. Amesteca bine. Prăjiţi amestecul timp de 3-4 minute.
- Adăugaţi pui marinat şi sare. Amesteca bine. Continuaţi să prăjiţi timp de 3-4 minute, amestecând din când în când.
- Adăugaţi 240 ml de apă. Se amestecă uşor. Acoperiţi cu un capac şi gătiţi la foc mic timp de 40 de minute, amestecând regulat.
- Adăugaţi şofranul şi romul. Se amestecă bine şi se fierbe în continuare timp de 10 minute.
- Se ornează cu frunze de coriandru. Se serveste fierbinte.

Pui Shahjahani

(Pui în sos iute)

Porti 4

Ingrediente

5 linguri de ulei vegetal rafinat

2 foi de dafin

5 cm/2 în scorțișoară

6 capsule de cardamom verde

½ lingurita de chimion

8 cuișoare

3 cepe mari tocate marunt

1 lingurita de turmeric

1 lingurita pudra de chili

1 lingurita pasta de ghimbir

1 lingurita pasta de usturoi

Adăugați sare după gust

75 g/2½ oz caju, măcinate

150 g/5½ oz iaurt, bătut

1 kg/2¼ lb pui, tăiat în 8 bucăți

2 linguri de crema unica

¼ de linguriță de cardamom negru măcinat

10 g/¼ oz frunze de coriandru, tocate mărunt

metodă

- Încinge uleiul într-o cratiță. Adăugați frunze de dafin, scorțișoară, cardamom, chimen și cuișoare. Lăsați-le să pulverizeze timp de 15 secunde.
- Adăugați ceapa, turmeric și praf de chili. Se fierbe amestecul la foc mediu timp de 1-2 minute.
- Adăugați pasta de ghimbir și pasta de usturoi. Se prajesc 2-3 minute, amestecand continuu.
- Adăugați sare și caju măcinate. Se amestecă bine și se prăjește încă un minut.
- Adăugați iaurt și pui. Se amestecă ușor până când amestecul acoperă bucățile de pui.
- Acoperiți cu un capac și gătiți amestecul la foc mic timp de 40 de minute, amestecând des.
- Descoperiți recipientul și adăugați smântână și cardamom măcinat. Se amestecă ușor timp de 5 minute.
- Ornează puiul cu frunze de coriandru. Se serveste fierbinte.

pui de Paște

Porti 4

Ingrediente

1 lingurita suc de lamaie

1 lingurita pasta de ghimbir

1 lingurita pasta de usturoi

Adăugați sare după gust

1 kg/2¼ lb pui, tăiat în 8 bucăți

2 linguri seminte de coriandru

12 catei de usturoi

2,5 cm/1 inch rădăcină de ghimbir

1 lingurita chimen

8 ardei iute roșu

4 cuișoare

2,5 cm/1 în scorțișoară

1 lingurita de turmeric

1 litru/1¾ litru de apă

4 linguri de ulei vegetal rafinat

3 cepe mari tocate marunt

4 ardei iute verzi, tăiați pe lungime

3 rosii, tocate marunt

1 lingurita pasta de tamarind

2 cartofi mari, tăiați în sferturi

metodă

- Se amestecă sucul de lămâie, pasta de ghimbir, pasta de usturoi și sarea. Marinați bucățile de pui în acest amestec timp de 2 ore.
- Amestecați semințele de coriandru, usturoiul, ghimbirul, chimenul, ardeiul iute, cuișoarele, scorțișoara și turmeric.
- Măcinați acest amestec cu jumătate de apă până la o pastă netedă. Pus deoparte.
- Încinge uleiul într-o tigaie. Adăugați ceapa. Prăjiți-le la foc mediu până devin transparente.
- Adauga ardei verde si pasta de seminte de coriandru si usturoi. Prăjiți acest amestec timp de 3-4 minute.
- Adăugați roșiile și pasta de tamarind. Continuați să prăjiți timp de 2-3 minute.
- Adauga pui marinat, cartofi si apa ramasa. Amestecați bine. Acoperiți și gătiți timp de 40 de minute, amestecând regulat.
- Se serveste fierbinte.

Rață picant cu cartofi

Porti 4

Ingrediente

1 lingurita coriandru macinat

2 linguri pudra de chili

¼ linguriță de turmeric

5 cm/2 în scorțișoară

6 cuișoare

4 capsule de cardamom verde

1 linguriță semințe de fenicul

60 ml/2 fl oz ulei vegetal rafinat

4 cepe mari, feliate subțiri

5 cm/2in rădăcină de ghimbir, tocată

8 catei de usturoi

6 ardei iute verzi, tăiați pe lungime

3 cartofi mari, tăiați în sferturi

1 kg/2¼ lb rață, tăiată în 8-10 bucăți

2 lingurite otet de malt

750 ml/1¼ litru lapte de cocos

Adăugați sare după gust

1 lingurita de ghee

1 lingurită de semințe de muștar

2 salote, feliate

8 frunze de curry

metodă

- Amesteca coriandru, pudra de chili, turmeric, scortisoara, cuisoare, cardamom si seminte de fenicul. Măcinați acest amestec într-o pulbere. Pus deoparte.
- Încinge uleiul într-o cratiță. Adăugați ceapa, ghimbir, usturoi și ardei iute verzi. Se prăjește la foc mediu timp de 2-3 minute.
- Adăugați amestecul de condimente sub formă de pudră. Se fierbe timp de 2 minute.
- Adăugați cartofii. Continuați să prăjiți timp de 3-4 minute.
- Adăugați rața, oțetul de malț, laptele de cocos și sare. Se amestecă timp de 5 minute. Acoperiți cu un capac și gătiți amestecul la foc mic timp de 40 de minute, amestecând des. Cand rata este fiarta, se ia de pe foc si se lasa deoparte.
- Se încălzește ghee-ul într-o cratiță mică. Adăugați semințele de muștar, eșalota și frunzele de curry. Se prăjește la foc mare timp de 30 de secunde.
- Turnați asta peste rață. Amesteca bine. Se serveste fierbinte.

Moile rața

(Curry simplu de rață)

Porti 4

Ingrediente

1 kg/2¼ lb rață, tăiată în 12 bucăți

Adăugați sare după gust

1 lingura coriandru macinat

1 lingurita chimen macinat

6 boabe de piper negru

4 cuișoare

2 capsule de cardamom verde

2,5 cm/1 în scorțișoară

120 ml/4 fl oz ulei vegetal rafinat

3 cepe mari tocate marunt

5 cm/2in rădăcină de ghimbir, tocată mărunt

3 ardei iute verzi, tocati marunt

½ linguriță de zahăr

2 linguri de otet de malt

360 ml/12 fl oz apă

metodă

- Marinați bucățile de rață în sare timp de o oră.
- Se amestecă coriandru măcinat, chimen măcinat, boabe de piper, cuișoare, cardamom și scorțișoară. Prăjiți acest amestec într-o tigaie la foc mediu timp de 1-2 minute.
- Se ia de pe foc și se macină până la o pulbere fină. Pus deoparte.
- Încinge uleiul într-o cratiță. Adăugați bucățile de rață marinate. Prăjiți-le la foc mediu până se rumenesc. Întoarceți-le din când în când pentru a nu se arde. Scurgeți și puneți deoparte.
- Se încălzește același ulei și se adaugă ceapa. Prăjiți-le la foc mediu până se rumenesc.
- Adăugați ghimbir și ardei verde. Continuați să prăjiți timp de 1-2 minute.
- Adăugați zahăr, oțet de malț și praf de coriandru-chimen. Se amestecă timp de 2-3 minute.
- Adăugați bucățile de rață prăjite împreună cu apa. Amesteca bine. Acoperiți și fierbeți timp de 40 de minute, amestecând din când în când.
- Se serveste fierbinte.

Bharwa Murgh Kaju

(Pui umplut cu nuci caju)

Porti 4

Ingrediente

3 lingurite de pasta de ghimbir

3 lingurite pasta de usturoi

10 caju, măcinate

1 lingurita pudra de chili

1 lingurita garam masala

Adăugați sare după gust

8 piept de pui, turtit

4 cepe mari tocate marunt

200 g/7 oz khoya*

6 ardei iute verzi, tocati marunt

25g/mică 1oz frunze de mentă, tăiate mărunt

25 g frunze de coriandru mici, tocate mărunt

2 linguri de suc de lamaie

75 g/2½ oz ghee

75 g/2½ oz caju, măcinate

400g/14oz iaurt, bătut

2 lingurite garam masala

2 lingurite de sofran, inmuiate in 2 linguri de lapte caldut

Adăugați sare după gust

metodă

- Se amestecă jumătate de pastă de ghimbir și jumătate de pastă de usturoi cu caju măcinat, pudră de chili, garam masala și un praf de sare.
- Marinați pieptul de pui în acest amestec timp de 30 de minute.
- Se amestecă jumătate de ceapă cu khoya, chili verde, frunze de mentă, frunze de coriandru și suc de lămâie. Împărțiți acest amestec în 8 părți egale.
- Întindeți pieptul de pui marinat. Puneți o parte din amestecul de ceapă-khoya pe el. Se rostogolește ca un sul.

- Repetați acest lucru pentru restul pieptului de pui.
- Ungeți o tavă de copt și puneți în ea piepții de pui umpluți, cu capetele libere în jos.
- Coaceți puiul în cuptor la 200°C (400°F, marcajul de gaz 6) timp de 20 de minute. Pus deoparte.
- Încinge ghee într-o tigaie. Adăugați ceapa rămasă. Prăjiți-le la foc mediu până devin transparente.

- Adăugați restul de pasta de ghimbir și pasta de usturoi. Prăjiți amestecul timp de 1-2 minute.
- Adăugați caju măcinat, iaurt și garam masala. Se amestecă timp de 1-2 minute.
- Adăugați rulouri de pui la cuptor, amestecul de șofran și puțină sare. Amesteca bine. Acoperiți cu un capac și gătiți la foc mic timp de 15-20 de minute. Se serveste fierbinte.

Masala de pui cu iaurt

Porti 4

Ingrediente

1 kg/2¼ lb pui, tăiat în 12 bucăți

7,5 cm/3in rădăcină de ghimbir, rasă

10 usturoi presați

½ linguriță de pudră de chili

½ linguriță garam masala

½ linguriță de turmeric

2 ardei iute verzi

Adăugați sare după gust

200 g/7 oz iaurt

½ lingurita de chimion

1 lingurita seminte de coriandru

4 cuişoare

4 boabe de piper negru

2,5 cm/1 în scorțişoară

4 capsule de cardamom verde

6-8 migdale

5 linguri de ghee

4 cepe medii, tocate mărunt

250 ml/8 fl oz apă

1 lingura frunze de coriandru, tocate marunt

metodă
- Înțepați bucățile de pui cu o furculiță. Pus deoparte.
- Se amestecă jumătate din ghimbir și usturoi cu pudra de chili, garam masala, turmeric, chili verde și sare. Măcinați acest amestec până la o pastă netedă. Bate pastele cu iaurt.
- Marinați puiul în acest amestec timp de 4-5 ore. Pus deoparte.
- Încinge oala. Chimen prăjit uscat, semințe de coriandru, cuișoare, boabe de piper, scorțișoară, cardamom și migdale. Pus deoparte.
- Încinge 4 linguri de ghee într-o tigaie grea. Adăugați ceapa. Prăjiți-le la foc mediu până devin transparente.
- Adăugați restul de ghimbir și usturoi. Se prăjește timp de 1-2 minute.
- Luați de pe foc și măcinați acest amestec cu amestecul de chimion prăjit uscat și coriandru până la o pastă netedă.

- Se încălzește ghee-ul rămas într-o tigaie. Adăugați pastele și prăjiți-le la foc mediu timp de 2-3 minute.
- Adăugați puiul marinat și prăjiți încă 3-4 minute.
- Adaugă apă. Se amestecă ușor timp de un minut. Acoperiți și fierbeți timp de 30 de minute, amestecând regulat.
- Se ornează cu frunze de coriandru și se servește cald.

Pui Dhansak

(Pui gătit în stil Parsi)

Porti 4

Ingrediente

75g/2½ oz toor dhal*

75 g/2½ oz mung dhal*

75 g/2½ oz masoor dhal*

75 g/2½ oz chana dhal*

1 vinete mici, tocate marunt

25 g/dovleac mic de 1 oz, tocat fin

Adăugați sare după gust

1 litru/1¾ litru de apă

8 boabe de piper negru

6 cuișoare

2,5 cm/1 în scorțișoară

Un vârf de buzdugan

2 foi de dafin

1 anason stelat

3 ardei iute roșu uscat

2 linguri de ulei vegetal rafinat

50g/1¾oz frunze de coriandru, tocate mărunt

50g/1¾oz frunze proaspete de schinduf, tocate mărunt

50g/1¾oz frunze de menta, tocate marunt

750g/1lb 10oz pui dezosat, tăiat în 12 bucăți

1 lingurita de turmeric

¼ linguriță de nucșoară rasă

1 lingura pasta de usturoi

1 lingura pasta de ghimbir

1 lingura pasta de tamarind

metodă

- Se amestecă dhal cu vinete, dovleac, sare și jumătate de apă. Gătiți acest amestec într-o cratiță la foc mediu timp de 45 de minute.
- Luați de pe foc și amestecați acest amestec într-o pastă netedă. Pus deoparte.
- Se amestecă boabe de piper, cuișoare, scorțișoară, nucșoară, dafin, anason stelat și ardei iute roșu. Prăjiți amestecul la foc mediu timp de 2-3 minute. Se ia de pe foc și se macină până la o pulbere fină. Pus deoparte.
- Încinge uleiul într-o cratiță. Adăugați coriandru, schinduf și frunze de mentă. Prăjiți-le la foc mediu timp de 1-2 minute. Se ia de pe foc și se macină până la o pastă. Pus deoparte.
- Amesteca puiul cu turmeric, nucsoara, pasta de usturoi, pasta de ghimbir, pasta dhal si apa ramasa. Gătiți acest

amestec într-o cratiță la foc mediu timp de 30 de minute, amestecând din când în când.

- Adăugați pasta de frunze de coriandru, schinduf și mentă. Gatiti 2-3 minute.
- Adăugați piper, praf de cuișoare și pasta de tamarind. Amesteca bine. Amestecați amestecul la foc mic timp de 8-10 minute.
- Se serveste fierbinte.

Pui Chatpata

(bând pui)

Porti 4

Ingrediente

500 g/1lb 2oz pui dezosat, tocat în bucăți mici

2 linguri de ulei vegetal rafinat

150 g buchețe de conopidă

200g/7oz ciuperci, feliate

1 morcov mare, feliat

1 ardei verde mare, fără miez și tocat

Adăugați sare după gust

½ lingurita piper negru macinat

10-15 frunze de curry

5 ardei iute verzi, tocati marunt

5 cm/2in rădăcină de ghimbir, tocată mărunt

10 catei de usturoi, tocati marunt

4 linguri piure de rosii

4 linguri frunze de coriandru, tocate mărunt

Pentru marinata:

125 g/4½ oz iaurt

1½ lingurita pasta de ghimbir

1½ lingurita pasta de usturoi

1 lingurita pudra de chili

1 lingurita garam masala

Adăugați sare după gust

metodă

- Se amestecă toate ingredientele pentru marinadă.
- Marinați puiul în acest amestec timp de 1 oră.
- Încinge o jumătate de lingură de ulei într-o tigaie. Adăugați conopida, ciupercile, morcovii, piper verde, sare și piper negru măcinat. Amesteca bine. Prăjiți amestecul la foc mediu timp de 3-4 minute. Pus deoparte.
- Încălziți uleiul rămas într-o altă tigaie. Adăugați frunze de curry și ardei iute verzi. Prăjiți-le la foc mediu timp de un minut.
- Adăugați ghimbir și usturoi. Se prăjește încă un minut.
- Adăugați pui marinat și legume prăjite. Se prăjește timp de 4-5 minute.
- Adăugați piureul de roșii. Amesteca bine. Acoperiți cu un capac și gătiți amestecul la foc mic timp de 40 de minute, amestecând din când în când.
- Se ornează cu frunze de coriandru. Se serveste fierbinte.

Rață Masala în lapte de cocos

Porti 4

Ingrediente

1 kg/2¼ lb rață, tăiată în 12 bucăți

Ulei vegetal rafinat pentru prajit

3 cartofi mari, tocați

750 ml/1¼ litri de apă

4 lingurite de ulei de cocos

1 ceapa mare, tocata marunt

100 g/3½ oz lapte de cocos

Pentru amestecul de condimente:

2 linguri coriandru macinat

½ linguriță de turmeric

1 lingurita piper negru macinat

¼ linguriță de chimen

¼ linguriță de seminţe de chimen negru

2,5 cm/1 în scorțișoară

9 cuișoare

2 capsule de cardamom verde

8 catei de usturoi

2,5 cm/1 inch rădăcină de ghimbir

1 lingurita otet de malt

Adăugați sare după gust

metodă

- Amestecați ingredientele pentru amestecul de condimente şi măcinați până la un aluat fin.
- Marinați rața în această pastă timp de 2-3 ore.
- Încinge uleiul într-o tigaie. Adăugați cartofii şi prăjiți la foc mediu până se rumenesc. Scurgeți şi puneți deoparte.
- Se încălzeşte apa într-o cratiță. Adăugați bucățile de rață marinate şi fierbeți timp de 40 de minute, amestecând din când în când. Pus deoparte.
- Încinge uleiul de cocos într-o tigaie. Adăugați ceapa şi prăjiți la foc mediu până se rumeneşte.
- Adăugați lapte de cocos. Gatiti amestecul timp de 2 minute, amestecand des.
- Luați de pe foc şi adăugați acest amestec la rața fiartă. Se amestecă bine şi se fierbe timp de 5-10 minute.
- Se orneaza cu cartofi prajiti. Se serveste fierbinte.

Pui Dil Bahar

(pui cremos)

Porti 4

Ingrediente

4-5 linguri de ulei vegetal rafinat

2 foi de dafin

5 cm/2 în scorțișoară

3 capsule de cardamom verde

4 cuișoare

2 cepe mari tocate marunt

1 lingurita pasta de ghimbir

1 lingurita pasta de usturoi

2 linguri chimen macinat

2 linguri coriandru macinat

½ linguriță de turmeric

4 ardei iute verzi, tăiați pe lungime

750g/1lb 10oz pui dezosat, tăiat în 16 bucăți

50g/1¾oz ceapă primăvară, tocată mărunt

1 ardei verde mare, tocat marunt

1 lingurita garam masala

Adăugați sare după gust

150 g/5½ oz piure de roșii

125 g/4½ oz iaurt

250 ml/8 fl oz apă

2 linguri de unt

85 g/3 oz caju

500 ml/16 fl oz lapte condensat

250 ml/8 fl oz creme individuale

1 lingura frunze de coriandru, tocate marunt

metodă

- Încinge uleiul într-o cratiță. Adăugați frunze de dafin, scorțișoară, cardamom și cuișoare. Lăsați-le să pulverizeze timp de 30 de secunde.
- Adăugați ceapa, pasta de ghimbir și pasta de usturoi. Prăjiți acest amestec la foc mediu până când ceapa devine maro aurie.
- Adăugați chimen măcinat, coriandru măcinat, turmeric și ardei iute verde. Prăjiți amestecul timp de 2-3 minute.
- Adăugați bucățile de pui. Amesteca bine. Prăjiți-le timp de 5 minute.
- Adăugați ceapa primăvară, ardeiul verde, garam masala și sare. Continuați să prăjiți timp de 3-4 minute.
- Adăugați piure de roșii, iaurt și apă. Se amestecă bine și se acoperă cu un capac. Gatiti amestecul la foc mic timp de 30 de minute, amestecand din cand in cand.

- În timp ce amestecul de pui se gătește, încălziți untul într-o altă tigaie. Adăugați nucile caju și prăjiți-le la foc mediu până devin maro auriu. Pus deoparte.
- Adăugați laptele condensat și smântâna la amestecul de pui. Se amestecă bine și se fierbe în continuare timp de 5 minute.
- Adăugați untul cu caju prăjite și amestecați bine timp de 2 minute.
- Se ornează cu frunze de coriandru. Se serveste fierbinte.

Prostul lui Murgh

(pui fiert lung)

Porti 4

Ingrediente

4 linguri ulei vegetal rafinat plus extra pentru prajit

3 cepe mari, feliate

10 migdale

10 caju

1 lingura nuca de cocos deshidratata

1 lingurita pasta de ghimbir

1 lingurita pasta de usturoi

½ linguriță de turmeric

1 lingurita pudra de chili

Adăugați sare după gust

200 g/7 oz iaurt

1 kg/2¼ lb pui, tocat mărunt

1 lingura frunze de coriandru, tocate grosier

1 lingura frunze de menta, tocate grosier

½ linguriță de șofran

metodă

- Încinge uleiul pentru prăjit. Adăugați ceapa și prăjiți-o la foc mediu până devine maro auriu. Scurgeți și puneți deoparte.
- Se amestecă migdale, caju și nucă de cocos. Coaceți amestecul uscat. Se macină cu suficientă apă pentru a obține o pastă netedă.
- Încinge 4 linguri de ulei într-o cratiță. Adaugati pasta de ghimbir, pasta de usturoi, turmeric si pudra de chili. Se prăjește la foc mediu timp de 1-2 minute.
- Adăugați pasta de migdale și caju, ceapa prăjită, sare și iaurt. Gatiti 4-5 minute.

- Puneți într-o formă sigură pentru cuptor. Adăugați pui, coriandru și frunze de mentă. Amestecați bine.
- Presărați șofranul deasupra. Închideți cu folie și acoperiți bine cu un capac. Coaceți la cuptor la 180°C (350°F, marcajul de gaz 4) timp de 40 de minute.
- Se serveste fierbinte.

Murgh Kheema Masala

(pui picant tocat fin)

Porti 4

Ingrediente

60 ml/2 fl oz ulei vegetal rafinat

5 cm/2 în scorțișoară

4 cuișoare

2 capsule de cardamom verde

½ lingurita de chimion

2 cepe mari tocate marunt

1 lingurita coriandru macinat

½ linguriță chimen măcinat

½ linguriță de turmeric

1 lingurita pudra de chili

2 lingurite de pasta de ghimbir

3 lingurite pasta de usturoi

3 rosii, tocate marunt

200g/7oz mazăre congelată

1 kg/2¼ lb pui măcinat

75 g/2½ oz caju, măcinate

125 g/4½ oz iaurt

250 ml/8 fl oz apă

Adăugați sare după gust

4 linguri de crema unica

25 g frunze de coriandru mici, tocate mărunt

metodă

- Încinge uleiul într-o cratiță. Adăugați scorțișoară, cuișoare, cardamom și chimen. Lăsați-le să pulverizeze timp de 15 secunde.
- Adăugați ceapa, coriandru măcinat, chimen măcinat, turmeric și praf de ardei iute. Se prăjește la foc mediu timp de 1-2 minute.
- Adăugați pasta de ghimbir și pasta de usturoi. Continuați să prăjiți timp de un minut.
- Adăugați roșiile, mazărea și puiul măcinat. Amesteca bine. Gatiti acest amestec la foc mic timp de 10-15 minute, amestecand din cand in cand.
- Adăugați iaurt, apă și sare. Amesteca bine. Acoperiți cu un capac și fierbeți timp de 20-25 de minute.
- Se ornează cu smântână și frunze de coriandru. Se serveste fierbinte.

Pui umplut Nawabi

Porti 4

Ingrediente

200 g/7 oz iaurt

2 linguri de suc de lamaie

½ linguriță de turmeric

Adăugați sare după gust

1 kg/2¼ lb pui

100 g/3½ oz pesmet

Pentru umplutura:

120 ml/4 fl oz ulei vegetal rafinat

1½ linguriță de pastă de ghimbir

1½ linguriță de pastă de usturoi

2 cepe mari tocate marunt

2 ardei iute verzi, tocati marunt

½ linguriță de pudră de chili

1 burta de pui, tocata

1 ficat de pui, tocat

200g/7oz mazăre

2 morcovi, tăiați cubulețe

50g/1¾oz frunze de coriandru, tocate mărunt

2 linguri frunze de menta, tocate marunt

½ lingurita piper negru macinat

½ linguriță garam masala

20 de caju, tocate

20 de stafide

metodă

- Amesteca iaurtul cu zeama de lamaie, turmeric si sare pana devine spumoasa. Marinați puiul în acest amestec timp de 1-2 ore.
- Pentru umplutură, încălziți uleiul într-o tigaie. Adăugați pasta de ghimbir, pasta de usturoi și ceapa și prăjiți-le la foc mediu timp de 1-2 minute.
- Adăugați chili verde, pudra de chili, stomacul de pui și ficatul de pui. Amesteca bine. Se prăjește timp de 3-4 minute.
- Adăugați mazăre, morcovi, frunze de coriandru, frunze de mentă, piper, garam masala, caju și stafide. Se amestecă timp de 2 minute. Acoperiți cu un capac și gătiți la foc mic timp de 20 de minute, amestecând din când în când.
- Se ia de pe foc si se lasa deoparte sa se raceasca.
- Umpleți puiul marinat cu acest amestec.
- Rulați puiul umplut în pesmet și coaceți în cuptorul preîncălzit la 200°C (400°F, marca de gaz 6) timp de 50 de minute.
- Se serveste fierbinte.

Murgh ke Nazare

(Pui cu brânză cheddar și paneer)

Porti 4

Ingrediente

Adăugați sare după gust

½ lingură de pastă de ghimbir

½ lingură de pastă de usturoi

Sucul de la 1 lămâie

750g/1lb 10oz bucăți de pui dezosate, turtite

Paneer 75g/2½ oz*, rupt

250 g pui tocat mărunt

75 g/2½ oz brânză cheddar, rasă

1 lingurita coriandru macinat

½ linguriță garam masala

½ linguriță de turmeric

125 g/4½ oz khoya*

1 lingurita pudra de chili

2 oua, fierte si tocate marunt

3 rosii, tocate marunt

2 ardei iute verzi, tocati marunt

2 cepe mari tocate marunt

2 linguri frunze de coriandru tocate

½ linguriță pudră de ghimbir

Pentru sos:

4 linguri de ulei vegetal rafinat

½ lingură de pastă de ghimbir

½ lingură de pastă de usturoi

2 cepe mari, tocate

2 ardei iute verzi, tocati marunt

½ linguriță de turmeric

1 lingurita coriandru macinat

½ lingurita piper alb macinat

½ linguriță chimen măcinat

½ linguriță pudră de ghimbir uscat

200 g/7 oz iaurt

4 caju, măcinate

4 migdale, macinate

125 g/4½ oz khoya*

metodă

- Se amestecă sarea, pasta de ghimbir, pasta de usturoi și sucul de lămâie. Marinați puiul în acest amestec timp de 1 oră. Pus deoparte.
- Amestecați paneer cu pui măcinat, brânză, coriandru măcinat, garam masala, turmeric și khoya.
- Ungeți puiul marinat cu acest amestec. Se presara pe ea praf de chili, ou, rosii, chili verde, ceapa, frunze de coriandru si ghimbir. Rulați puiul ca o folie și legați-l strâns cu sfoară.
- Coaceți la cuptor la 200°C (400°F, marcajul de gaz 6) timp de 30 de minute. Pus deoparte.
- Pentru sos, încălziți uleiul într-o cratiță. Adăugați pasta de ghimbir, pasta de usturoi, ceapa și ardeiul verde. Prăjiți-le la foc mediu timp de 2-3 minute. Adăugați ingredientele rămase pentru sos. Gatiti 7-8 minute.
- Tăiați rulada de pui în bucăți mici și puneți-le într-un vas de servire. Turnați sosul peste ele. Se serveste fierbinte.

Murgh Pasanda

(bucăți de pui picante)

Porti 4

Ingrediente

1 lingurita de turmeric

30g/1oz frunze de coriandru, tocate

1 lingurita pudra de chili

10 g/¼ oz frunze de menta, tocate marunt

1 lingurita garam masala

5 cm/2 bucăți de papaya crudă, tocată

1 lingurita pasta de ghimbir

1 lingurita pasta de usturoi

Adăugați sare după gust

750g/1lb 10oz piept de pui, feliat subțire

6 linguri de ulei vegetal rafinat

metodă

- Se amestecă toate ingredientele, cu excepția puiului și a uleiului. Marinați bucățile de pui în acest amestec timp de 3 ore.
- Încinge uleiul într-o tigaie. Adăugați feliile de pui marinate și prăjiți la foc mediu până se rumenesc, întorcându-le din când în când. Se serveste fierbinte.

Murgh Masala

(pui masala)

Porti 4

Ingrediente

4 linguri de ulei vegetal rafinat

2 cepe mari, ras

1 rosie, tocata marunt

Adăugați sare după gust

1 kg/2¼ lb pui, tăiat în 8 bucăți

360 ml/12 fl oz apă

360 ml/12 fl oz lapte de cocos

Pentru amestecul de condimente:

2 linguri garam masala

1 lingurita chimen

1½ linguriță de semințe de mac

4 ardei iute roșii

½ linguriță de turmeric

8 catei de usturoi

2,5 cm/1 inch rădăcină de ghimbir

metodă

- Măcinați amestecul de condimente cu suficientă apă pentru a obține o pastă netedă. Pus deoparte.
- Încinge uleiul într-o cratiță. Adăugați ceapa și prăjiți la foc mediu până se rumenește. Adăugați amestecul de condimente și prăjiți timp de 5-6 minute.
- Adăugați roșia, sare, pui și apă. Acoperiți cu un capac și fierbeți timp de 20 de minute. Se adauga laptele de cocos, se amesteca bine si se serveste fierbinte.

Cremă de pui Bohri

(Pui în sos cremos)

Porti 4

Ingrediente

3 cepe mari

2,5 cm/1 inch rădăcină de ghimbir

8 catei de usturoi

6 ardei iute verzi

100 g/3½ oz frunze de coriandru, tocate mărunt

3 linguri frunze de menta, tocate marunt

120 ml apă

1 kg/2¼ lb pui, tăiat în 8 bucăți

2 linguri de suc de lamaie

1 lingurita piper negru macinat

250 ml/8 fl oz creme individuale

30 g/1 oz ghee

Adăugați sare după gust

metodă

- Amestecați ceapa, ghimbirul, usturoiul, ardeiul verde, frunzele de coriandru și frunzele de mentă. Măcinați acest amestec cu apă pentru a obține o pastă fină.
- Marinați puiul cu jumătate din această pastă și zeama de lămâie timp de 1 oră.
- Puneti puiul marinat in oala si acoperiti cu pastele ramase. Presărați ingredientele rămase deasupra acestui amestec.
- Închideți cu folie, acoperiți strâns cu un capac și fierbeți la foc mic timp de 45 de minute. Se serveste fierbinte.

Jhatpat Murgh

(Pui rapid)

Porti 4

Ingrediente

4 linguri de ulei vegetal rafinat

2 cepe mari, tăiate mărunt

2 lingurite de pasta de ghimbir

Adăugați sare după gust

1 kg/2¼ lb pui, tăiat în 12 bucăți

¼ lingurita de sofran, dizolvata in 2 linguri de lapte

metodă

- Încinge uleiul într-o cratiță. Adăugați ceapa și pasta de ghimbir. Prăjiți-le la foc mediu timp de 2 minute.
- Adăugați sare și pui. Gatiti la foc mic timp de 30 de minute, amestecand des. Se presara peste amestecul de sofran. Se serveste fierbinte.

Curry verde de pui

Porti 4

Ingrediente

Adăugați sare după gust

Un praf de turmeric

Sucul de la 1 lămâie

1 kg/2¼ lb pui, tăiat în 12 bucăți

3,5 cm rădăcină de ghimbir

8 catei de usturoi

100 g/3½ oz frunze de coriandru, tocate

3 ardei iute verzi

4 linguri de ulei vegetal rafinat

2 cepe mari, ras

½ linguriță garam masala

250 ml/8 fl oz apă

metodă

- Se amestecă sare, turmeric și sucul de lămâie. Marinați puiul în acest amestec timp de 30 de minute.
- Măcinați ghimbirul, usturoiul, frunzele de coriandru și ardeiul iute până la o pastă netedă.
- Încinge uleiul într-o cratiță. Se adauga pastele impreuna cu ceapa rasa si se calesc la foc mediu 2-3 minute.
- Adăugați pui marinat, garam masala și apă. Se amestecă bine și se fierbe timp de 40 de minute, amestecând des. Se serveste fierbinte.

Murgh Bharta

(pui la fiert cu ou)

Porti 4

Ingrediente

4 linguri de ulei vegetal rafinat

2 cepe mari, tăiate mărunt

500g/1lb 2oz pui dezosat, tăiat cubulețe

1 lingurita garam masala

½ linguriță de turmeric

Adăugați sare după gust

3 roșii, tăiate mărunt

30g/1oz frunze de coriandru, tocate

4 ouă fierte tari, tăiate la jumătate

metodă

- Încinge uleiul într-o cratiță. Se caleste ceapa la foc mediu pana se rumeneste. Adăugați pui, garam masala, turmeric și sare. Se prăjește timp de 5 minute.
- Adăugați roșiile. Se amestecă bine și se fierbe la foc mic timp de 30-40 de minute. Se ornează cu frunze de coriandru și ou. Se serveste fierbinte.

Pui cu seminte de Ajowan

Porti 4

Ingrediente

3 linguri de ulei vegetal rafinat

1½ linguriță de semințe de ajowan

2 cepe mari tocate marunt

1 lingurita pasta de ghimbir

1 lingurita pasta de usturoi

4 rosii, tocate marunt

2 linguri coriandru macinat

1 lingurita pudra de chili

1 lingurita de turmeric

1 kg/2¼ lb pui, tăiat în 8 bucăți

250 ml/8 fl oz apă

Sucul de la 1 lămâie

1 lingurita garam masala

Adăugați sare după gust

metodă

- Încinge uleiul într-o cratiță. Adăugați semințele de ajowan. Lăsați-le să pulverizeze timp de 15 secunde.
- Adăugați ceapa și prăjiți la foc mediu până se rumenește. Adăugați ghimbir, usturoi și piure de roșii. Se prăjește timp de 3 minute, amestecând din când în când.
- Adăugați toate ingredientele rămase. Se amestecă bine și se acoperă cu un capac. Gatiti 40 de minute si serviti fierbinti.

Pui cu spanac Tikka

Porti 4

Ingrediente

1 kg/2¼ lb pui dezosat, tăiat în 16 bucăți

2 linguri de ghee

1 lingurita chaat masala*

2 linguri de suc de lamaie

Pentru marinata:

100 g/3½ oz spanac, tocat

50g/1¾oz frunze de coriandru, măcinate

1 lingurita pasta de ghimbir

1 lingurita pasta de usturoi

200 g/7 oz iaurt

1½ linguriță garam masala

metodă

- Se amestecă toate ingredientele pentru marinadă. Marinați puiul în acest amestec timp de 2 ore.
- Ungeți puiul cu ghee și coaceți la cuptor la 200°C (400°F, marcajul de gaz 6) timp de 45 de minute.

Stropiți cu chaat masala și suc de lămâie. Se serveste fierbinte.

Pui Yakhni

(Pui în stil Kashmir)

Porți 4

Ingrediente

3 linguri de ulei vegetal rafinat

1 kg/2¼ lb pui, tăiat în 8 bucăți

400 g/14 oz iaurt

125 g/4½ oz besan[*]

2 cuişoare

2,5 cm/1 în scorțişoară

6 boabe de piper

1 lingurita de ghimbir macinat

2 linguri de fenicul măcinat

Adăugați sare după gust

250 ml/8 fl oz apă

50g/1¾oz frunze de coriandru, tocate

metodă

- Încinge jumătate din ulei într-o tigaie. Adăugați bucățile de pui și prăjiți-le la foc mediu până devin aurii. Pus deoparte.
- Bateți iaurtul cu besan până la o pastă groasă. Pus deoparte.
- Încinge uleiul rămas într-o tigaie. Adăugați cuișoare, scorțișoară, boabe de piper, ghimbir măcinat, fenicul măcinat și sare. Se prăjește timp de 4-5 minute.
- Adăugați puiul prăjit, apa și aluatul de iaurt. Se amestecă bine și se fierbe timp de 40 de minute. Se ornează cu frunze de coriandru. Se serveste fierbinte.

Pui chili

Porti 4

Ingrediente

3 linguri de ulei vegetal rafinat

4 ardei iute verzi, tocati marunt

1 lingurita pasta de ghimbir

1 lingurita pasta de usturoi

3 cepe mari, feliate

250 ml/8 fl oz apă

750g/1lb 10oz pui dezosat, tocat

2 ardei verzi mari, tocati marunt

2 linguri sos de soia

30g/1oz frunze de coriandru, tocate

Adăugați sare după gust

metodă

- Încinge uleiul într-o cratiță. Adauga ardei verde, pasta de ghimbir, pasta de usturoi si ceapa. Se prăjește la foc mediu timp de 3-4 minute.
- Adăugați apă și pui. Se fierbe timp de 20 de minute.
- Adăugați toate ingredientele rămase și gătiți timp de 20 de minute. Se serveste fierbinte.

Pui cu boia

Porti 4

Ingrediente

4 linguri de ulei vegetal rafinat

3 cepe mari tocate marunt

6 catei de usturoi, tocati marunt

1 kg/2¼ lb pui, tăiat în 12 bucăți

3 linguri coriandru macinat

2½ lingurițe de piper negru proaspăt măcinat

½ linguriță de turmeric

Adăugați sare după gust

250 ml/8 fl oz apă

Sucul de la 1 lămâie

50g/1¾oz frunze de coriandru, tocate

metodă

- Încinge uleiul într-o cratiță. Adăugați ceapa şi usturoiul şi prăjiți la foc mediu până se rumenesc.
- Adăugați puiul. Se prăjeşte timp de 5 minute, amestecând des.
- Adăugați coriandru măcinat, piper, turmeric şi sare. Se prăjeşte timp de 3-4 minute.

- Se toarnă apă, se amestecă bine şi se acoperă cu un capac. Se fierbe timp de 40 de minute.
- Se ornează cu suc de lămâie şi frunze de coriandru. Se serveste fierbinte.

Pui cu smochine

Porti 4

Ingrediente

4 linguri de ulei vegetal rafinat

2 cepe mari tocate marunt

1 lingurita pasta de ghimbir

1 lingurita pasta de usturoi

1 kg/2¼ lb pui, tăiat în 12 bucăți

250 ml apă caldă

200 g/7 oz piure de roșii

Adăugați sare după gust

2 lingurite otet de malt

12 smochine uscate, la macerat 2 ore

metodă

- Încinge uleiul într-o tigaie. Adăugați ceapa. Prăjiți-le la foc mediu până devin transparente. Adăugați pasta de ghimbir și pasta de usturoi. Se prăjește 2-3 minute.
- Adăugați pui și apă. Acoperiți cu un capac și fierbeți timp de 30 de minute.
- Adăugați piure de roșii, sare și oțet. Amesteca bine. Scurgeți smochinele și adăugați-le în amestecul de pui. Se fierbe timp de 8-10 minute. Se serveste fierbinte.

Miel picant in iaurt si sofran

Porti 4

Ingrediente

5 linguri de ghee

1 lingurita pasta de ghimbir

1 lingurita pasta de usturoi

675 g/1½ lb de miel dezosat, tăiat în bucăți de 3,5 cm/1½ in

Adăugați sare după gust

750 ml/1¼ litri de apă

4 cepe mari, feliate

1 lingurita pudra de chili

1 lingurita garam masala

1 lingura de zahar brun, dizolvat in 2 linguri de apa

3 ardei iute verzi, tăiați pe lungime

30 g/1 oz migdale măcinate

400g/14oz iaurt grecesc, bătut

10 g/¼ oz frunze de coriandru, tocate mărunt

½ lingurita de sofran, dizolvata in 2 linguri de lapte

metodă

- Se încălzește jumătate din ghee într-o cratiță. Adăugați pasta de ghimbir și pasta de usturoi. Se prăjește la foc mediu timp de 1-2 minute.

- Adăugați mielul și sarea. Se prăjește timp de 5-6 minute.

- Adăugați apă și amestecați bine. Acoperiți și fierbeți timp de 40 de minute, amestecând din când în când. Pus deoparte.

- Încălziți ghee-ul rămas într-un alt vas. Adăugați ceapa și gătiți la foc mediu până devine translucid.

- Adăugați praf de chili, garam masala, apă cu zahăr, chili verde și migdale măcinate. Continuați să prăjiți timp de un minut.

- Adăugați iaurt și amestecați bine. Gatiti amestecul timp de 6-7 minute, amestecand bine.

- Adăugați acest amestec la amestecul de miel. Amesteca bine. Acoperiți și fierbeți timp de 5 minute, amestecând din când în când.

- Se ornează cu frunze de coriandru și șofran. Se serveste fierbinte.

Miel cu legume

Porti 4

Ingrediente

675 g/1½ lb miel, tăiat în bucăți de 2,5 cm/1 in

Adăugați sare după gust

½ lingurita piper negru macinat

5 linguri de ulei vegetal rafinat

2 foi de dafin

4 capsule de cardamom verde

4 cuișoare

2,5 cm/1 în scorțișoară

2 cepe mari tocate marunt

1 lingurita de turmeric

1 lingura chimen macinat

1 lingurita pudra de chili

1 lingurita pasta de ghimbir

1 lingurita pasta de usturoi

2 rosii, tocate marunt

200g/7oz mazăre

1 linguriță semințe de schinduf

200 g/7 oz buchețe de conopidă

500 ml/16 fl oz apă

200 g/7 oz iaurt

10 g/¼ oz frunze de coriandru, tocate mărunt

metodă

- Marinați mielul cu sare și piper timp de 30 de minute.

- Încinge uleiul într-o cratiță. Adăugați frunze de dafin, cardamom, cuișoare și scorțișoară. Lăsați-le să pulverizeze timp de 30 de secunde.

- Adăugați ceapa, turmericul, chimenul măcinat, pudra de chili, pasta de ghimbir și pasta de usturoi. Prăjiți-le la foc mediu timp de 1-2 minute.

- Adăugați mielul marinat și gătiți timp de 6-7 minute, amestecând din când în când.

- Adăugați roșiile, mazărea, semințele de schinduf și buchețele de conopidă. Se fierbe timp de 3-4 minute.

- Adăugați apă și amestecați bine. Acoperiți cu un capac și fierbeți timp de 20 de minute.

- Deschide tava si adauga iaurtul. Se amestecă bine timp de un minut, se acoperă din nou și se fierbe timp de 30 de minute, amestecând din când în când.

- Se ornează cu frunze de coriandru. Se serveste fierbinte.

Curry de vita cu cartofi

Porti 4

Ingrediente

6 boabe de piper negru

3 cuișoare

2 păstăi cardamom negru

2,5 cm/1 în scorțișoară

1 lingurita chimen

4 linguri de ulei vegetal rafinat

3 cepe mari tocate marunt

¼ linguriță de turmeric

1 lingurita pudra de chili

1 lingurita pasta de ghimbir

1 lingurita pasta de usturoi

750g/1lb 10oz carne de vită

2 rosii, tocate marunt

3 cartofi mari, tăiați cubulețe

½ linguriță garam masala

1 lingura suc de lamaie

Adăugați sare după gust

1 litru/1¾ litru de apă

1 lingura frunze de coriandru, tocate marunt

metodă

- Măcinați piper boabe, cuișoare, cardamom, scorțișoară și chimen într-o pudră fină. Pus deoparte.

- Încinge uleiul într-o cratiță. Adăugați ceapa și prăjiți-o la foc mediu până se rumenește.

- Adăugați boabe de piper măcinate și pudră de cuișoare, turmericul, pudra de chili, pasta de ghimbir și pasta de usturoi. Se prăjește timp de un minut.

- Adăugați carnea tocată și fierbeți timp de 5-6 minute.

- Adăugați roșiile, cartofii și garam masala. Se amestecă bine și se fierbe timp de 5-6 minute.

- Adăugați suc de lămâie, sare și apă. Acoperiți și fierbeți timp de 45 de minute, amestecând din când în când.

- Se ornează cu frunze de coriandru. Se serveste fierbinte.

Masala picant de miel

Porti 4

Ingrediente

675 g/1½ lb miel, tăiat cubulețe

3 cepe mari, feliate

750 ml/1¼ litri de apă

Adăugați sare după gust

4 linguri de ulei vegetal rafinat

4 foi de dafin

¼ linguriță de chimen

¼ de linguriță de semințe de muștar

1 lingurita pasta de ghimbir

1 lingurita pasta de usturoi

2 ardei iute verzi, tocati marunt

1 lingura alune macinate

1 lingură chana dhal*, prăjită uscată și măcinată

1 lingurita pudra de chili

¼ linguriță de turmeric

1 lingurita garam masala

Sucul de la 1 lămâie

50g/1¾oz frunze de coriandru, tocate mărunt

metodă

- Amesteca mielul cu ceapa, apa si sarea. Gătiți acest amestec într-o cratiță la foc mediu timp de 40 de minute. Pus deoparte.

- Încinge uleiul într-o cratiță. Adăugați frunze de dafin, chimen și semințe de muștar. Lăsați-le să pulverizeze timp de 30 de secunde.

- Adauga pasta de ghimbir, pasta de usturoi si ardei verde. Prăjiți-le la foc mediu timp de un minut, amestecând continuu.

- Adăugați arahide măcinate, chana dhal, pudră de chili, turmeric și garam masala. Continuați să prăjiți timp de 1-2 minute.

- Adăugați amestecul de miel. Amesteca bine. Acoperiți și fierbeți timp de 45 de minute, amestecând din când în când.

- Stropiți cu suc de lămâie și frunze de coriandru și serviți cald.

Rogan Josh

(Curry de miel din Kashmir)

Porti 4

Ingrediente

Sucul de la 1 lămâie

200 g/7 oz iaurt

Adăugați sare după gust

750g/1lb 10oz miel, tocat în bucăți de 2,5 cm/1in

75 g/2½ oz ghee plus friteuză

2 cepe mari, tăiate mărunt

2,5 cm/1 în scorțișoară

3 cuișoare

4 capsule de cardamom verde

1 lingurita pasta de ghimbir

1 lingurita pasta de usturoi

1 lingurita coriandru macinat

1 lingurita chimen macinat

3 rosii mari, tocate marunt

750 ml/1¼ litri de apă

10 g/¼ oz frunze de coriandru, tocate mărunt

metodă

- Se amestecă sucul de lămâie, iaurtul şi sarea. Marinaţi mielul în acest amestec timp de o oră.

- Se încălzeşte ghee pentru prăjit într-o tigaie. Adăugaţi ceapa şi prăjiţi-o la foc mediu până devine maro auriu. Scurgeţi şi puneţi deoparte.

- Se încălzeşte ghee-ul rămas într-o tigaie. Adăugaţi scorţişoară, cuişoare şi cardamom. Lăsaţi-le să pulverizeze timp de 15 secunde.

- Adăugaţi mielul marinat şi prăjiţi la foc mediu timp de 6-7 minute.

- Adăugaţi pasta de ghimbir şi pasta de usturoi. Se fierbe timp de 2 minute.

- Adăugaţi coriandru măcinat, chimen măcinat şi roşiile, amestecaţi bine şi gătiţi încă un minut.

- Adaugă apă. Acoperiţi şi fierbeţi timp de 40 de minute, amestecând din când în când.

- Se ornează cu frunze de coriandru şi ceapă prăjită. Se serveste fierbinte.

Coaste la gratar

Porti 4

Ingrediente

6 ardei iute verzi

5 cm/2 în rădăcină de ghimbir

15 catei de usturoi

¼ papaya crudă mică, măcinată

200 g/7 oz iaurt

2 linguri de ulei vegetal rafinat

2 linguri de suc de lamaie

Adăugați sare după gust

750g/1lb 10oz coaste, tăiate în 4 bucăți

metodă

- Măcinați ardei iute verzi, ghimbir, usturoi și papaya crudă cu suficientă apă pentru a face o pastă groasă.

- Amestecă această pastă cu ingredientele rămase, cu excepția coastelor. Marinați coastele în acest amestec timp de 4 ore.

- Coastele marinate la grătar timp de 40 de minute, întorcându-le din când în când. Se serveste fierbinte.

Carne de vită cu lapte de cocos

Porti 4

Ingrediente

5 linguri de ulei vegetal rafinat

675 g carne de vită, tăiată în fâșii de 5 cm

3 cepe mari tocate marunt

8 catei de usturoi, tocati marunt

2,5 cm/1 inch rădăcină de ghimbir, tocată mărunt

2 ardei iute verzi, tăiați pe lungime

2 linguri coriandru macinat

2 linguri chimen macinat

2,5 cm/1 în scorțișoară

Adăugați sare după gust

500 ml/16 fl oz apă

500 ml/16 fl oz lapte de cocos

metodă

- Încinge 3 linguri de ulei într-o tigaie. Adăugați fâșiile de vită în loturi și prăjiți la foc mic timp de 12-15 minute, întorcându-le din când în când. Scurgeți și puneți deoparte.

- Încinge uleiul rămas într-o tigaie. Adăugați ceapa, usturoiul, ghimbirul și ardei iute verzi. Se prăjește la foc mediu timp de 2-3 minute.

- Adaugati fasiile de friptura prajite, coriandru macinat, chimen macinat, scortisoara, sare si apa. Se fierbe timp de 40 de minute.

- Adăugați lapte de cocos. Gatiti 20 de minute, amestecand des. Se serveste fierbinte.

Kebab de porc

Porti 4

Ingrediente

100 ml/3½ fl oz ulei de muștar

3 linguri de suc de lamaie

1 ceapa mica, tocata marunt

2 lingurite pasta de usturoi

1 linguriță pudră de muștar

1 lingurita piper negru macinat

Adăugați sare după gust

600 g/1lb 5oz carne de porc dezosata, taiata in bucati de 3,5 cm/1½ in

metodă

- Se amestecă toate ingredientele, mai puțin carnea de porc. Marinați carnea de porc peste noapte în acest amestec.

- Frigără carnea de porc marinată și grătar timp de 30 de minute. Se serveste fierbinte.

Friptură Chili Fry

Porti 4

Ingrediente

750 g carne de vită, tăiată în bucăți de 2,5 cm

6 boabe de piper negru

3 cepe mari, feliate

1 litru/1¾ litru de apă

Adăugați sare după gust

4 linguri de ulei vegetal rafinat

2,5 cm/1 inch rădăcină de ghimbir, tocată mărunt

8 catei de usturoi, tocati marunt

4 ardei iute verzi

1 lingura suc de lamaie

50g/1¾oz frunze de coriandru

metodă

- Amestecați carnea de vită cu boabele de piper, 1 ceapă, apă și sare. Gătiți acest amestec într-o cratiță la foc mediu timp de 40 de minute. Scurgeți și puneți deoparte. Rezervă provizii.

- Încinge uleiul într-o cratiță. Se caleste ceapa ramasa la foc mediu pana se rumeneste. Adăugați ghimbir, usturoi și ardei iute verzi. Se prăjește timp de 4-5 minute.

- Adăugați sucul de lămâie și amestecul de carne. Continuați să gătiți timp de 7-8 minute. Adăugați inventarul rezervat.

- Acoperiți și fierbeți timp de 40 de minute, amestecând din când în când. Adăugați frunze de coriandru și amestecați bine. Se serveste fierbinte.

Ouă scotch de vită

Porti 4

Ingrediente

500g/1lb 2oz carne de vită

Adăugați sare după gust

1 litru/1¾ litru de apă

3 linguri de besan*

1 ou, batut

25g/mică 1oz frunze de mentă, tăiate mărunt

25 g/mici 1oz frunze de coriandru, tocate

8 oua fierte tari

Ulei vegetal rafinat pentru prajit

metodă

- Amestecați carnea cu sare și apă. Gatiti intr-o cratita la foc mic timp de 45 de minute. Se macină într-o pastă și se amestecă cu besanul, oul bătut, menta și frunzele de coriandru. Înfășurați acest amestec în jurul ouălor fierte.
- Încinge uleiul într-o tigaie. Adăugați ouăle bătute și prăjiți-le la foc mediu până se rumenesc. Se serveste fierbinte.

Stil Malabar de carne de vită uscată

Porti 4

Ingrediente

675 g/1½ lb carne de vită, tăiată cubulețe

4 linguri de ulei vegetal rafinat

3 cepe mari, feliate

1 rosie, tocata marunt

100 g/3½ oz nucă de cocos deshidratată

1 lingurita pudra de chili

1 lingurita garam masala

1 lingurita coriandru macinat

1 lingurita chimen macinat

Adăugați sare după gust

1 litru/1¾ litru de apă

Pentru amestecul de condimente:

3,5 cm rădăcină de ghimbir

6 ardei iute verzi

1 lingura coriandru macinat

10 frunze de curry

1 lingura pasta de usturoi

metodă

- Măcinați toate ingredientele amestecului de condimente într-o pastă groasă. Marinați carnea de vită în acest amestec timp de o oră.
- Încinge uleiul într-o cratiță. Se caleste ceapa la foc mediu pana se rumeneste. Adăugați carnea și prăjiți timp de 6-7 minute.
- Adăugați ingredientele rămase. Gatiti 40 de minute si serviti fierbinti.

Cotlete de miel Moghlai

Porti 4

Ingrediente

5 cm/2 în rădăcină de ghimbir

8 catei de usturoi

6 ardei iute roșu uscat

2 lingurite de suc de lamaie

Adăugați sare după gust

8 cotlete de miel bătute și turtite

150 g/5½ oz ghee

2 cartofi mari, feliați și prăjiți

2 cepe mari

metodă

- Măcinați ghimbirul, usturoiul și ardeiul iute roșu cu suc de lămâie, sare și suficientă apă pentru a face o pastă netedă. Marinați cotletele în acest amestec timp de 4-5 ore.
- Încinge ghee într-o tigaie. Adăugați cotletele marinate și prăjiți la foc mediu timp de 8-10 minute.
- Adăugați ceapa și cartofii prăjiți. Gatiti 15 minute. Se serveste fierbinte.

Carne de vită cu bame

Porti 4

Ingrediente

4½ linguri de ulei vegetal rafinat

200g/7oz bame

2 cepe mari tocate marunt

2,5 cm/1 inch rădăcină de ghimbir, tocată mărunt

4 catei de usturoi, tocati marunt

750 g carne de vită, tăiată în bucăți de 2,5 cm

4 ardei iute roșu uscat

1 lingura coriandru macinat

½ lingură chimen măcinat

1 lingurita garam masala

2 rosii, tocate marunt

Adăugați sare după gust

1 litru/1¾ litru de apă

metodă

- Încinge 2 linguri de ulei într-o tigaie. Adăugați okra și prăjiți la foc mediu până devin crocante și rumene. Scurgeți și puneți deoparte.
- Încinge uleiul rămas într-o tigaie. Se caleste ceapa la foc mediu pana devine translucida. Adăugați ghimbir și usturoi. Se prăjește timp de un minut.
- Adăugați carnea de vită. Se prăjește timp de 5-6 minute. Adăugați toate ingredientele rămase și bame. Gatiti 40 de minute, amestecand des. Se serveste fierbinte.

Bufet de vita

(carne de vita gatita cu nuca de cocos si otet)

Porti 4

Ingrediente

675 g/1½ lb carne de vită, tăiată cubulețe

Adăugați sare după gust

1 litru/1¾ litru de apă

1 lingurita de turmeric

½ linguriță boabe de piper negru

½ lingurita de chimion

5-6 cuișoare

2,5 cm/1 în scorțișoară

12 catei de usturoi, tocati marunt

2,5 cm/1 inch rădăcină de ghimbir, tocată mărunt

100 g/3½ oz nucă de cocos proaspătă, rasă

6 linguri de otet de malt

5 linguri de ulei vegetal rafinat

2 cepe mari tocate marunt

metodă

- Amestecați carnea de vită cu sare și apă și gătiți într-o oală la foc mediu timp de 45 de minute, amestecând din când în când. Pus deoparte.
- Măcinați alte ingrediente, mai puțin uleiul și ceapa.
- Încinge uleiul într-o cratiță. Adăugați amestecul măcinat și ceapa.
- Se prăjește la foc mediu timp de 3-4 minute. Adăugați amestecul de carne. Gatiti 20 de minute, amestecand din cand in cand. Se serveste fierbinte.

Badami Gosht

(Miel cu migdale)

Porti 4

Ingrediente

5 linguri de ghee

3 cepe mari tocate marunt

12 catei de usturoi presati

3,5 cm/1½ in rădăcină de ghimbir, tocată mărunt

750g/1lb 10oz miel, tocat

75 g/2½ oz migdale măcinate

1 lingura garam masala

Adăugați sare după gust

250 g/9 oz iaurt

360 ml/12 fl oz lapte de cocos

500 ml/16 fl oz apă

metodă

- Încinge ghee într-o tigaie. Adăugați toate ingredientele, cu excepția iaurtului, a laptelui de cocos și a apei. Amesteca bine. Se fierbe la foc mic timp de 10 minute.
- Adăugați ingredientele rămase. Se fierbe timp de 40 de minute. Se serveste fierbinte.

Roast beef indian

Porti 4

Ingrediente

30 g/1 oz brânză cheddar, rasă

½ lingurita piper negru macinat

1 lingurita pudra de chili

10 g/¼ oz frunze de coriandru, tocate

10 g/¼ oz frunze de menta, tocate marunt

1 lingurita pasta de ghimbir

1 lingurita pasta de usturoi

25 g/pesmet mic de 1 oz

1 ou, batut

Adăugați sare după gust

675 g/1½ lb carne de vită dezosată, aplatizată și tocată în 8 bucăți

5 linguri de ulei vegetal rafinat

500 ml/16 fl oz apă

metodă

- Se amestecă toate ingredientele, cu excepția cărnii, uleiului și apei.
- Aplicați acest amestec pe o parte a fiecărei bucăți de carne de vită. Se rulează fiecare și se leagă cu sfoară pentru a închide.
- Încinge uleiul într-o cratiță. Adăugați rulourile și prăjiți la foc mediu timp de 8 minute. Adăugați apă și amestecați bine. Se fierbe timp de 30 de minute. Se serveste fierbinte.

cotlet Khatta Pudina

(cotlete dure de mentă)

Porti 4

Ingrediente

1 lingurita chimen macinat

1 lingura piper alb macinat

2 lingurite garam masala

5 lingurite de suc de lamaie

4 linguri de crema unica

150 g iaurt

250 ml/8 fl oz chutney de mentă

2 linguri de porumb

¼ papaya mică, măcinată

1 lingura pasta de usturoi

1 lingura pasta de ghimbir

1 linguriță schinduf măcinat

Adăugați sare după gust

675 g/1½ lb cotlete de miel

Ulei vegetal rafinat pentru ungere

metodă

- Se amestecă toate ingredientele, cu excepția cotletului de miel și a uleiului. Marinați cotletele în acest amestec timp de 5 ore.
- Ungeți cotletele cu ulei și grătar timp de 15 minute. Se serveste fierbinte.

Friptură indiană

Porti 4

Ingrediente

675 g/1½ lb carne de vită, tăiată în chifteluțe

3,5 cm/1½ in rădăcină de ghimbir, tocată mărunt

12 catei de usturoi, tocati marunt

2 linguri piper negru măcinat

4 cepe medii, tocate mărunt

4 ardei iute verzi, tocati marunt

3 linguri de otet

750 ml/1¼ litri de apă

Adăugați sare după gust

5 linguri ulei vegetal rafinat plus extra pentru prajit

metodă

- Amestecă toate ingredientele, cu excepția uleiului pentru prăjit, într-o cratiță.
- Acoperiți cu un capac etanș și gătiți timp de 45 de minute, amestecând din când în când.
- Încinge uleiul rămas într-o tigaie. Adăugați amestecul de carne de vită fiartă și căliți la foc mediu timp de 5-7 minute, întorcându-le din când în când. Se serveste fierbinte.

Miel în sos verde

Porti 4

Ingrediente

4 linguri de ulei vegetal rafinat

3 cepe mari, ras

1½ linguriță de pastă de ghimbir

1 lingurita pasta de usturoi

675 g/1½ lb miel, tăiat în bucăți de 2,5 cm/1 in

½ lingurita de scortisoara macinata

½ linguriță cuișoare măcinate

½ linguriță cardamom negru măcinat

6 ardei iute roșu uscat, măcinat

2 linguri coriandru macinat

½ linguriță chimen măcinat

10 g/¼ oz frunze de coriandru, tocate mărunt

4 roșii, piure

Adăugați sare după gust

500 ml/16 fl oz apă

metodă

- Încinge uleiul într-o cratiță. Adăugați ceapa, pasta de ghimbir și pasta de usturoi. Se prăjește la foc mediu timp de 2-3 minute.

- Adăugați toate ingredientele rămase, cu excepția apei. Se amestecă bine și se prăjește timp de 8-10 minute. Adaugă apă. Acoperiți și fierbeți timp de 40 de minute, amestecând din când în când. Se serveste fierbinte.

Miel tocat simplu

Porti 4

Ingrediente

3 linguri de ulei de muștar

2 cepe mari tocate marunt

7,5 cm/3 inchi rădăcină de ghimbir, tocată mărunt

2 lingurițe de piper negru măcinat grosier

2 linguri chimen macinat

Adăugați sare după gust

1 lingurita de turmeric

750g/1lb 10oz miel măcinat

500 ml/16 fl oz apă

metodă

- Încinge uleiul într-o cratiță. Adăugați ceapa, ghimbir, piper, chimen măcinat, sare și turmeric. Se prăjește timp de 2 minute. Adăugați carnea tocată. Se prăjește timp de 8-10 minute.
- Adaugă apă. Se amestecă bine și se fierbe timp de 30 de minute. Se serveste fierbinte.

Sorpotel de porc

(Ficat de porc gătit în sos de goan)

Porti 4

Ingrediente

250 ml/8 fl oz oțet de malț

8 ardei iute roșu uscat

10 boabe de piper negru

1 lingurita chimen

1 lingura seminte de coriandru

1 lingurita de turmeric

500g/1lb 2oz carne de porc

250 g/9 oz ficat

Adăugați sare după gust

1 litru/1¾ litru de apă

120 ml/4 fl oz ulei vegetal rafinat

5 cm/2in rădăcină de ghimbir, tocată mărunt

20 căței de usturoi, tăiați mărunt

6 ardei iute verzi, tăiați pe lungime

metodă

- Măcinați jumătate din oțet cu ardei iute roșu, boabe de piper, chimen, semințe de coriandru și turmeric într-o pastă fină. Pus deoparte.
- Amestecați carnea de porc și ficatul cu sare și apă. Gatiti intr-o cratita timp de 30 de minute. Scurgeți și economisiți fondul. Tăiați cubulețe carnea de porc și ficatul. Pus deoparte.
- Încinge uleiul într-o cratiță. Adăugați carnea tăiată cubulețe și prăjiți la foc mic timp de 12 minute. Adăugați pastele și toate celelalte ingrediente. Amesteca bine.
- Se prăjește timp de 15 minute. Adăugați stoc. Se fierbe timp de 15 minute. Se serveste fierbinte.

Miel murat

Porti 4

Ingrediente

750g/1lb 10oz miel, tăiat în fâșii subțiri

Adăugați sare după gust

1 litru/1¾ litru de apă

6 linguri de ulei vegetal rafinat

1 lingurita de turmeric

4 linguri de suc de lamaie

2 linguri de chimion macinat, prajit uscat

4 linguri susan macinat

7,5 cm/3 inchi rădăcină de ghimbir, tocată mărunt

12 catei de usturoi, tocati marunt

metodă

- Amestecați mielul cu sare și apă și gătiți într-o oală la foc mediu timp de 40 de minute. Scurgeți și puneți deoparte.
- Încinge uleiul într-o tigaie. Adăugați mielul și gătiți la foc mediu timp de 10 minute. Scurgeți și amestecați cu restul ingredientelor. Se serveste rece.

Haleem

(oaie de oaie în stil persan)

Porti 4

Ingrediente

500 g/1lb 2oz grâu, înmuiat timp de 2-3 ore și scurs

1,5 litri/2¾ litri de apă

Adăugați sare după gust

500g/1lb 2oz carne de oaie, tăiată cubulețe

4-5 linguri de ghee

3 cepe mari, feliate

1 lingurita pasta de ghimbir

1 lingurita pasta de usturoi

1 lingurita de turmeric

1 lingurita garam masala

metodă

- Se amestecă grâul cu 250 ml apă și puțină sare. Gatiti intr-o cratita la foc mediu timp de 30 de minute. Se pasează bine și se pune deoparte.
- Fierbeți carnea de oaie cu apa rămasă și sare într-o cratiță timp de 45 de minute. Scurgeți și măcinați până la o pastă fină. Rezervă provizii.
- Încălziți ghee. Se caleste ceapa la foc mic pana se rumeneste. Adăugați pasta de ghimbir, pasta de usturoi, turmeric și carnea tocată. Se prăjește timp de 8 minute. Adăugați grâu, bulion și garam masala. Gatiti 20 de minute. Se serveste fierbinte.

Cotlet de oaie Masala verde

Porti 4

Ingrediente

675 g/1½ lb cotlete de miel

Adăugați sare după gust

1 lingurita de turmeric

500 ml/16 fl oz apă

2 linguri coriandru macinat

1 lingurita chimen macinat

1 lingura pasta de ghimbir

1 lingura pasta de usturoi

100 g/3½ oz frunze de coriandru, tocate

1 lingurita suc de lamaie

1 lingurita piper negru macinat

1 lingurita garam masala

60 g/2 oz făină albă simplă

Ulei vegetal rafinat pentru prajit

2 oua, batute

50g/1¾oz pesmet

metodă

- Amestecați carnea de oaie cu sare, turmeric și apă. Gatiti intr-o cratita la foc mediu timp de 30 de minute. Scurgeți și puneți deoparte.
- Se amestecă celelalte ingrediente, cu excepția făinii, uleiului, ouălor și pesmetului.
- Ungeți cotleturile cu acest amestec și pudrați-le cu făină.
- Încinge uleiul într-o tigaie. Înmuiați cotleturile în ou, rulați în pesmet și prăjiți până se rumenesc. Întoarceți și repetați. Se serveste fierbinte.

Ficat de miel cu schinduf

Porti 4

Ingrediente

4 linguri de ulei vegetal rafinat

2 cepe mari tocate marunt

¾ linguriță de pastă de ghimbir

¾ linguriță de pastă de usturoi

50g/1¾oz frunze de schinduf, tocate

600g/1lb 5oz ficat de miel, tăiat cubulețe

3 rosii, tocate marunt

1 lingurita garam masala

120 ml apă caldă

1 lingura suc de lamaie

Adăugați sare după gust

metodă

- Încinge uleiul într-o cratiță. Se caleste ceapa la foc mediu pana devine translucida. Adăugați pasta de ghimbir și pasta de usturoi. Se prăjește timp de 1-2 minute.
- Adăugați frunze de schinduf și ficat. Se fierbe timp de 5 minute.

- Adăugați ingredientele rămase. Gatiti 40 de minute si serviti fierbinti.

Carne de vită Hussaini

(Carne de vită gătită în sos în stilul Indiei de Nord)

Porti 4

Ingrediente

4 linguri de ulei vegetal rafinat

675 g/1½ lb carne de vită, tocată mărunt

125 g/4½ oz iaurt

Adăugați sare după gust

750 ml/1¼ litri de apă

Pentru amestecul de condimente:

4 cepe mari

8 catei de usturoi

2,5 cm/1 inch rădăcină de ghimbir

2 lingurite garam masala

1 lingurita de turmeric

2 linguri coriandru macinat

1 lingurita chimen macinat

metodă

- Măcinați ingredientele pentru amestecul de condimente într-o pastă groasă.
- Încinge uleiul într-o cratiță. Adăugați pastele și prăjiți-le la foc mediu timp de 4-5 minute. Adăugați carnea de vită. Se amestecă bine și se prăjește timp de 8-10 minute.
- Adăugați iaurt, sare și apă. Amesteca bine. Acoperiți și fierbeți timp de 40 de minute, amestecând din când în când. Se serveste fierbinte.

Matei Miel

(Miel cu schinduf)

Porti 4

Ingrediente

120 ml/4 fl oz ulei vegetal rafinat

1 ceapa mare, tocata marunt

6 catei de usturoi, tocati marunt

600g/1lb 5oz miel, tăiat cubulețe

50g/1¾oz frunze proaspete de schinduf, tocate mărunt

½ linguriță de turmeric

1 lingurita coriandru macinat

125 g/4½ oz iaurt

600 ml/1 litru de apă

½ linguriță de cardamom verde măcinat

Adăugați sare după gust

metodă

- Încinge uleiul într-o cratiță. Adăugați ceapa și usturoiul și prăjiți la foc mediu timp de 4 minute.
- Adăugați mielul. Se prăjește timp de 7-8 minute. Adăugați ingredientele rămase. Se amestecă bine și se fierbe timp de 45 de minute. Se serveste fierbinte.

Carne de vită înăuntru

(carne de vită gătită în sos din India de Est)

Porti 4

Ingrediente

675 g/1½ lb carne de vită, tocată

2,5 cm/1 în scorțișoară

6 cuișoare

Adăugați sare după gust

1 litru/1¾ litru de apă

5 linguri de ulei vegetal rafinat

3 cartofi mari, tăiați în felii

Pentru amestecul de condimente:

60 ml/2 fl oz oțet de malț

3 cepe mari

2,5 cm/1 inch rădăcină de ghimbir

8 catei de usturoi

½ linguriță de turmeric

2 ardei iute roșu uscat

2 lingurite chimen

metodă

- Amestecați carnea de vită cu scorțișoară, cuișoare, sare și apă. Gatiti intr-o cratita la foc mediu timp de 45 de minute. Pus deoparte.
- Măcinați ingredientele pentru amestecul de condimente într-o pastă groasă.
- Încinge uleiul într-o cratiță. Adăugați amestecul de condimente și prăjiți la foc mic timp de 5-6 minute. Adăugați carnea de vită și cartofii. Amesteca bine. Se fierbe timp de 15 minute și se servește fierbinte.

tocană de miel

Porti 4

Ingrediente

3 linguri de ulei vegetal rafinat

2 cepe mari tocate marunt

4 catei de usturoi, tocati marunt

500g/1lb 2oz miel, măcinat

2 linguri chimen macinat

6 linguri piure de rosii

150 g fasole conservată

250 ml bulion de carne

Piper negru măcinat după gust

Adăugați sare după gust

metodă

- Încinge uleiul într-o cratiță. Se adauga ceapa si usturoiul si se calesc la foc mediu 2-3 minute. Adăugați carnea tocată și fierbeți timp de 10 minute. Adăugați ingredientele rămase. Se amestecă bine și se fierbe timp de 30 de minute.

- Puneți într-o formă sigură pentru cuptor. Coaceți la cuptor la 180°C (350°F, marcajul de gaz 4) timp de 25 de minute. Se serveste fierbinte.

Miel aromat cu cardamom

Porti 4

Ingrediente

Adăugați sare după gust

200 g/7 oz iaurt

1½ lingurita pasta de ghimbir

2½ lingurițe de pastă de usturoi

2 linguri cardamom verde măcinat

675 g/1½ lb miel, tocat în bucăți de 3,5 cm/1½ in

6 linguri de ghee

6 cuișoare

7,5 cm/3 în scorțișoară, măcinată grosier

4 cepe mari tocate marunt

½ linguriță de șofran, înmuiat în 2 linguri de lapte

1 litru/1¾ litru de apă

125 g/4½ oz nuci prăjite

metodă

- Amesteca sare, iaurt, pasta de ghimbir, pasta de usturoi si cardamom. Marinați carnea în acest amestec timp de 2 ore.
- Încinge ghee într-o tigaie. Adăugați cuişoare şi scorţişoară. Lăsaţi-le să pulverizeze timp de 15 secunde.
- Adăugaţi ceapa. Se prăjeşte timp de 3-4 minute. Adăugaţi carnea marinată, şofranul şi apa. Amesteca bine. Acoperiţi cu un capac şi fierbeţi timp de 40 de minute.
- Se serveste fierbinte, ornat cu nuca.

Kheema

(Carne tocată)

Porti 4

Ingrediente

5 linguri de ulei vegetal rafinat

4 cepe mari tocate marunt

1 lingurita pasta de ghimbir

1 lingurita pasta de usturoi

3 rosii, tocate marunt

2 lingurite garam masala

200g/7oz mazăre congelată

Adăugați sare după gust

675 g/1½ lb carne de vită tocată

500 ml/16 fl oz apă

metodă

- Încinge uleiul într-o cratiță. Adăugați ceapa și prăjiți la foc mediu până se rumenește. Adăugați pasta de ghimbir, pasta de usturoi, roșii, garam masala, mazăre și sare. Amesteca bine. Se prăjește timp de 3-4 minute.
- Adăugați carne de vită și apă. Amesteca bine. Gatiti 40 de minute si serviti fierbinti.

Friptură de porc picant

Porti 4

Ingrediente

675 g/1½ lb carne de porc, tăiată cubulețe

2 cepe mari tocate marunt

1 lingurita de ulei vegetal rafinat

1 litru/1¾ litru de apă

Adăugați sare după gust

Pentru amestecul de condimente:

250 ml de oțet

2 cepe mari

1 lingura pasta de ghimbir

1 lingura pasta de usturoi

1 lingura piper negru macinat

1 lingura chili verde

1 lingura de turmeric

1 lingură pudră de chili

1 lingură cuișoare

5 cm/2 în scorțișoară

1 lingură păstăi de cardamom verde

metodă

- Măcinați ingredientele pentru amestecul de condimente într-o pastă groasă.
- Se amestecă cu ingredientele rămase în oală. Acoperiți cu un capac strâns și fierbeți timp de 50 de minute. Se serveste fierbinte.

Tandoori Raan

(pulp de miel picant gătit în tandoor)

Porti 4

Ingrediente

675 g/1½ lb pulpă de miel

400 g/14 oz iaurt

2 linguri de suc de lamaie

2 lingurite de pasta de ghimbir

2 lingurite pasta de usturoi

1 lingurita cuisoare macinate

1 lingurita scortisoara macinata

2 linguri pudra de chili

1 lingurita nucsoara, rasa

Un vârf de buzdugan

Adăugați sare după gust

Ulei vegetal rafinat pentru ungere

metodă

- Înțepați mielul peste tot cu o furculiță.
- Se amestecă bine celelalte ingrediente, cu excepția uleiului. Marinați mielul în acest amestec timp de 4-6 ore.
- Prăjiți mielul la cuptor la 180°C (350°F, marca de gaz 4) timp de 1½-2 ore, ungând ocazional. Se serveste fierbinte.

Miel Talaa

(miel la cuptor)

Porti 4

Ingrediente

675 g/1½ lb miel, tăiat în bucăți de 5 cm/2 in

Adăugați sare după gust

1 litru/1¾ litru de apă

4 linguri de ghee

2 cepe mari, feliate

Pentru amestecul de condimente:

8 ardei iute uscat

1 lingurita de turmeric

1½ linguriță garam masala

2 lingurite de mac

3 cepe mari tocate marunt

1 lingurita pasta de tamarind

metodă

- Măcinați ingredientele pentru amestecul de condimente cu apă până la o pastă groasă.
- Amestecă această pastă cu carne, sare și apă. Gatiti intr-o cratita la foc mediu timp de 40 de minute. Pus deoparte.
- Încinge ghee într-o tigaie. Adăugați ceapa și prăjiți la foc mediu până se rumenește. Adăugați amestecul de carne. Se fierbe timp de 6-7 minute și se servește fierbinte.

Limbă înăbușită

Porti 4

Ingrediente

900 g/2 lb limbă de vită

Adăugați sare după gust

1 litru/1¾ litru de apă

1 lingurita de ghee

3 cepe mari tocate marunt

5 cm/2in rădăcină de ghimbir, tăiată

4 rosii, tocate marunt

125 g/4½ oz mazăre congelată

10 g/¼ oz frunze de menta, tocate marunt

1 lingurita otet de malt

1 lingurita piper negru macinat

½ linguriță garam masala

metodă

- Pune limba într-o cratiță cu sare și apă și gătește la foc mediu timp de 45 de minute. Scurgeți și răciți pentru scurt timp. Curățați pielea și tăiați în fâșii. Pus deoparte.
- Încinge ghee într-o tigaie. Adăugați ceapa și ghimbirul și prăjiți la foc mediu timp de 2-3 minute. Adăugați limba fiartă și toate ingredientele rămase. Se fierbe timp de 20 de minute. Se serveste fierbinte.

Carne de oaie prăjită

Porti 4

Ingrediente

75 g/2½ oz brânză cheddar, rasă

½ lingurita piper negru macinat

1 lingurita pasta de ghimbir

1 lingurita pasta de usturoi

3 oua, batute

50g/1¾oz frunze de coriandru, tocate

100 g/3½ oz pesmet

Adăugați sare după gust

675 g/1½ lb carne de oaie dezosată, tăiată în bucăți de 10 cm/4 inci și aplatizată

4 linguri de ghee

250 ml/8 fl oz apă

metodă

- Se amestecă toate ingredientele, cu excepția cărnii, a ghee-ului și a apei. Aplicați amestecul pe o parte a bucății de carne. Rotiți fiecare parte strâns și legați cu sfoară.
- Încinge ghee într-o tigaie. Se adaugă carnea de oaie și se prăjește la foc mediu până se rumenește. Adaugă apă. Se fierbe timp de 15 minute și se servește fierbinte.

Ficat prajit Masala

Porti 4

Ingrediente

4 linguri de ulei vegetal rafinat

675 g/1½ lb ficat de miel, tăiat în fâșii de 5 cm/2 in

2 linguri de ghimbir, tocat marunt

15 catei de usturoi, tocati marunt

8 ardei iute verzi, tăiați pe lungime

2 linguri chimen macinat

1 lingurita de turmeric

125 g/4½ oz iaurt

1 lingurita piper negru macinat

Adăugați sare după gust

50g/1¾oz frunze de coriandru, tocate

Sucul de la 1 lămâie

metodă

- Încinge uleiul într-o cratiță. Adăugați fâșiile de ficat și prăjiți-le la foc mediu timp de 10-12 minute.
- Adăugați ghimbir, usturoi, ardei iute verzi, chimen și turmeric. Se prăjește timp de 3-4 minute. Adăugați iaurt, piper și sare. Se fierbe timp de 6-7 minute.
- Adăugați frunze de coriandru și sucul de lămâie. Se fierbe la foc mic timp de 5-6 minute. Se serveste fierbinte.

Limba de vita picanta

Porti 4

Ingrediente

900 g/2 lb limbă de vită

Adăugați sare după gust

1,5 litri/2¾ litri de apă

2 lingurite chimen

12 catei de usturoi

5 cm/2 în scorțișoară

4 cuișoare

6 ardei iute roșu uscat

8 boabe de piper negru

6 linguri de otet de malt

3 linguri de ulei vegetal rafinat

2 cepe mari tocate marunt

3 rosii, tocate marunt

1 lingurita de turmeric

metodă

- Fierbeți limba cu sare și 1,2 litri/2 litri de apă într-o oală la foc mic timp de 45 de minute. Scoateți pielea. Tăiați limbile cubulețe și lăsați deoparte.
- Măcinați chimen, usturoi, scorțișoară, cuișoare, ardei iute roșu uscat și boabe de piper cu oțet pentru a obține o pastă netedă. Pus deoparte.
- Încinge uleiul într-o cratiță. Se caleste ceapa la foc mediu pana devine translucida. Adauga pastele macinate, limba taiata cubulete, rosiile, turmeric si apa ramasa. Se fierbe timp de 20 de minute și se servește fierbinte.

Trecerea mieilor

(Kebab de miel în suc de iaurt)

Porti 4

Ingrediente

½ lingură de ulei vegetal rafinat

3 cepe mari, feliate pe lungime

¼ papaya mică necoaptă, măcinată

200 g/7 oz iaurt

2 lingurite garam masala

Adăugați sare după gust

750 g/1lb 10oz miel dezosat, tăiat în bucăți de 5cm/2in

metodă

- Încinge uleiul într-o cratiță. Se caleste ceapa la foc mic pana se rumeneste.
- Scurgeți și măcinați ceapa într-o pastă. Se amestecă cu ingredientele rămase, cu excepția mielului. Marinați mielul în acest amestec timp de 5 ore.
- Puneți într-o formă de plăcintă și coaceți la cuptor la 180°C (350°F, marcajul de gaz 4) timp de 30 de minute. Se serveste fierbinte.

Miel și curry de mere

Porti 4

Ingrediente

5 linguri de ulei vegetal rafinat

4 cepe mari, feliate

4 roșii mari, albite (vezi<u>tehnici de gătit</u>)

½ lingurita pasta de usturoi

2 linguri coriandru macinat

2 linguri chimen macinat

1 lingurita pudra de chili

30g/1oz caju, măcinate

750 g/1lb 10oz miel dezosat, tăiat în bucăți de 2,5 cm/1in

200 g/7 oz iaurt

1 lingurita piper negru macinat

Adăugați sare după gust

750 ml/1¼ litri de apă

4 mere, tăiate în bucăți de 3,5 cm/1½ inch

120 ml/4 fl oz cremă proaspătă de unică folosință

metodă

- Încinge uleiul într-o tigaie. Se caleste ceapa la foc mic pana se rumeneste.
- Adăugați roșiile, pasta de usturoi, coriandru și chimen. Se prăjește timp de 5 minute.
- Adăugați ingredientele rămase, cu excepția apei, a mărului și a smântânii. Se amestecă bine și se fierbe timp de 8-10 minute.
- Se toarnă în apă. Se fierbe timp de 40 de minute. Adăugați merele și amestecați timp de 10 minute. Adaugam smantana si amestecam inca 5 minute. Se serveste fierbinte.

Carne de oaie uscată în stil Andhra

Porti 4

Ingrediente

675 g/1½ lb carne de oaie, tocată

4 cepe mari tocate marunt

6 rosii, tocate marunt

1½ linguriță de pastă de ghimbir

1½ linguriță de pastă de usturoi

50g/1¾oz nucă de cocos proaspătă, rasă

2½ linguri garam masala

½ lingurita piper negru macinat

1 lingurita de turmeric

Adăugați sare după gust

500 ml/16 fl oz apă

6 linguri de ulei vegetal rafinat

metodă

- Se amestecă toate ingredientele, cu excepția uleiului. Gatiti intr-o cratita la foc mediu timp de 40 de minute. Scurgeți carnea și aruncați bulionul.

- Încinge uleiul într-o altă tigaie. Adăugați carnea fiartă și prăjiți la foc mediu timp de 10 minute. Se serveste fierbinte.

Un simplu curry de vită

Porti 4

Ingrediente

3 linguri de ulei vegetal rafinat

2 cepe mari tocate marunt

750 g carne de vită, tăiată în bucăți de 2,5 cm

1 lingurita pasta de ghimbir

1 lingurita pasta de usturoi

1 lingurita pudra de chili

½ linguriță de turmeric

Adăugați sare după gust

300 g/10 oz iaurt

1,2 litri/2 litri de apă

metodă

- Încinge uleiul într-o cratiță. Se caleste ceapa la foc mic pana se rumeneste.
- Adăugați alte ingrediente, cu excepția iaurtului și a apei. Se prăjește timp de 6-7 minute. Adăugați iaurt și apă. Se fierbe timp de 40 de minute. Se serveste fierbinte.

Gosht Korma

(Cara de oaie bogată în sos)

Porti 4

Ingrediente

3 linguri de mac

75 g/2½ oz caju

50 g/1¾oz nucă de cocos deshidratată

3 linguri de ulei vegetal rafinat

1 ceapa mare, tocata marunt

2 linguri de pasta de ghimbir

2 linguri pasta de usturoi

675 g/1½ lb carne de oaie dezosată, tăiată cubulețe

200 g/7 oz iaurt

10 g/¼ oz frunze de coriandru, tocate

10 g/¼ oz frunze de menta, tocate

½ linguriță garam masala

Adăugați sare după gust

1 litru/1¾ litru de apă

metodă

- Seminţe uscate de mac, caju şi nucă de cocos. Se macină cu apă suficientă pentru a face o pastă groasă. Pus deoparte.
- Încinge uleiul într-o cratiţă. Prăjiţi ceapa, ghimbirul şi pasta de usturoi la foc mediu timp de 1-2 minute.
- Adaugam pasta de mac si restul ingredientelor, cu exceptia apei. Se amestecă bine şi se prăjeşte timp de 5-6 minute.
- Adaugă apă. Gatiti 40 de minute, amestecand des. Se serveste fierbinte.

Cotlete Erachi

(Cotlete moi de oaie)

Porti 4

Ingrediente

750g/1lb 10oz Cotlete de oaie

Adăugați sare după gust

1 lingurita de turmeric

1 litru/1¾ litru de apă

2 linguri de ulei vegetal rafinat

1 lingurita pasta de ghimbir

1 lingurita pasta de usturoi

3 cepe mari, feliate

5 ardei iute verzi, tăiați pe lungime

2 rosii mari, tocate marunt

½ linguriță coriandru măcinat

1 lingura piper negru macinat

1 lingura suc de lamaie

2 linguri frunze de coriandru tocate

metodă

- Marinați cotletele de oaie în sare și turmeric timp de 2-3 ore.
- Fierbeți carnea cu apă la foc mic timp de 40 de minute. Pus deoparte.
- Încinge uleiul într-o cratiță. Adăugați pasta de ghimbir, pasta de usturoi, ceapa și ardeiul verde și prăjiți-le la foc mediu timp de 3-4 minute.
- Adăugați roșiile, coriandru măcinat și piper. Amesteca bine. Se prăjește timp de 5-6 minute. Adăugați carnea de oaie și fierbeți timp de 10 minute.

- Se ornează cu suc de lămâie și frunze de coriandru. Se serveste fierbinte.

Carne tocată complet prăjită

Porti 4

Ingrediente

3 linguri de ulei vegetal rafinat

2 cepe mari tocate marunt

6 catei de usturoi, tocati marunt

600g/1lb 5oz carne de oaie, măcinată

2 linguri chimen macinat

125 g/4½ oz piure de roșii

600g/1lb 5oz conserve de fasole

500 ml/16 fl oz supa de oaie

½ lingurita piper negru macinat

Adăugați sare după gust

metodă

- Încinge uleiul într-o cratiță. Adăugați ceapa și usturoiul. Se prăjește la foc mic timp de 2-3 minute. Adăugați ingredientele rămase. Se fierbe timp dc 30 de minute.
- Transferați într-un vas rezistent la cuptor și coaceți în cuptor la 200°C (400°F, marcajul de gaz 6) timp de 25 de minute. Se serveste fierbinte.

Kaleji Do Pyaaz

(Traieste cu ceapa)

Porti 4

Ingrediente

4 linguri de ghee

3 cepe mari tocate marunt

2,5 cm/1 inch rădăcină de ghimbir, tocată mărunt

10 catei de usturoi, tocati marunt

4 ardei iute verzi, tăiați pe lungime

1 lingurita de turmeric

3 rosii, tocate marunt

750g/1lb 10oz ficat de miel, tăiat cubulețe

2 lingurite garam masala

200 g/7 oz iaurt

Adăugați sare după gust

250 ml/8 fl oz apă

metodă

- Încinge ghee într-o tigaie. Adăugați ceapa, ghimbirul, usturoiul, ardeiul verde și turmericul și prăjiți la foc mediu timp de 3-4 minute. Adăugați toate ingredientele rămase, cu excepția apei. Amesteca bine. Se prăjește timp de 7-8 minute.
- Adaugă apă. Gatiti 30 de minute, amestecand din cand in cand. Se serveste fierbinte.

Miel cu oase

Porti 4

Ingrediente

30g/1oz frunze de menta, tocate marunt

3 ardei iute verzi, tocati marunt

12 catei de usturoi, tocati marunt

Sucul de la 1 lămâie

675 g/1½ lb pulpă de miel, tăiată în 4 bucăți

5 linguri de ulei vegetal rafinat

Adăugați sare după gust

500 ml/16 fl oz apă

1 ceapa mare tocata marunt

4 cartofi mari, tăiați cubulețe

5 vinete mai mici, tăiate la jumătate

3 rosii, tocate marunt

metodă

- Măcinați frunzele de mentă, ardeiul iute și usturoiul cu suficientă apă pentru a obține o pastă netedă. Adauga zeama de lamaie si amesteca bine.
- Marinați carnea în acest amestec timp de 30 de minute.
- Încinge uleiul într-o cratiță. Adăugați carnea marinată și prăjiți la foc mic timp de 8-10 minute. Adăugați sare și apă și gătiți timp de 30 de minute.
- Adăugați toate ingredientele rămase. Se fierbe timp de 15 minute și se servește fierbinte.

Friptură Vindaloo

(Curry de vită Goan)

Porti 4

Ingrediente

3 cepe mari tocate marunt

5 cm/2 în rădăcină de ghimbir

10 catei de usturoi

1 lingura chimen

½ lingură coriandru măcinat

2 lingurite chili rosu

½ linguriță de semințe de schinduf

½ linguriță de semințe de muștar

60 ml/2 fl oz oțet de malț

Adăugați sare după gust

675 g/1½ lb carne de vită dezosată, tăiată în bucăți de 2,5 cm/1 inch

3 linguri de ulei vegetal rafinat

1 litru/1¾ litru de apă

metodă

- Măcinați toate ingredientele cu excepția cărnii, uleiului și apei într-un aluat gros. Marinați carnea în această pastă timp de 2 ore.
- Încinge uleiul într-o cratiță. Adăugați carnea marinată și fierbeți la foc mic timp de 7-8 minute. Adaugă apă. Gatiti 40 de minute, amestecand din cand in cand. Se serveste fierbinte.

Carne de vită curry

Porti 4

Ingrediente

4 linguri de ulei vegetal rafinat

3 cepe mari, ras

1½ linguriță chimen măcinat

1 lingurita de turmeric

1 lingurita pudra de chili

½ lingurita piper negru macinat

4 roșii piure de mărime medie

675 g carne macră de vită, tăiată în bucăți de 2,5 cm/1 inch

Adăugați sare după gust

1½ linguriță frunze uscate de schinduf

250 ml/8 fl oz creme individuale

metodă

- Încinge uleiul într-o cratiță. Adăugați ceapa și prăjiți-o la foc mediu până se rumenește.
- Adăugați ingredientele rămase, cu excepția frunzelor de schinduf și a smântânii.
- Se amestecă bine și se fierbe timp de 40 de minute. Adăugați frunze de schinduf și smântână. Gatiti 5 minute si serviti fierbinti.

Carne de oaie cu dovleac

Porti 4

Ingrediente

750g/1lb 10oz carne de oaie, tocată

200 g/7 oz iaurt

Adăugați sare după gust

2 cepe mari

2,5 cm/1 inch rădăcină de ghimbir

7 catei de usturoi

5 linguri de ghee

¾ linguriță de turmeric

1 lingurita garam masala

2 foi de dafin

750 ml/1¼ litri de apă

400g/14oz dovleac, fiert și piure

metodă

- Marinați carnea de oaie în iaurt și sare timp de 1 oră.
- Se macină ceapa, ghimbirul și usturoiul cu suficientă apă pentru a face o pastă groasă. Încinge ghee într-o tigaie. Adăugați pasta împreună cu turmeric și prăjiți timp de 3-4 minute.
- Adăugați garam masala, foile de dafin și carnea de oaie. Se prăjește timp de 10 minute.
- Adăugați apă și dovleac. Gatiti 40 de minute si serviti fierbinti.

Gustaf

(Mutton în Kashmir)

Porti 4

Ingrediente

675 g/1½ lb carne de oaie dezosată

6 păstăi de cardamom negru

Adăugați sare după gust

4 linguri de ghee

4 cepe mari tăiate rondele

600g/1lb 5oz iaurt

1 lingurita de seminte de fenicul macinate

1 lingura de scortisoara macinata

1 lingură cuișoare măcinate

1 lingură frunze de mentă zdrobite

metodă

- Bateți carnea de oaie cu cardamom și sare până se înmoaie. Împărțiți în 12 bile și lăsați deoparte.
- Încinge ghee într-o tigaie. Se caleste ceapa la foc mic pana se rumeneste. Adăugați iaurt și gătiți timp de 8-10 minute, amestecând continuu.
- Adăugați chiftelele și toate celelalte ingrediente, cu excepția frunzelor de mentă. Se fierbe timp de 40 de minute. Se serveste ornat cu frunze de menta.

Carne de oaie cu un amestec de verdeață și ierburi

Porti 4

Ingrediente

5 linguri de ulei vegetal rafinat

3 cepe mari tocate marunt

750g/1lb 10oz carne de oaie, tăiată cubulețe

50g/1¾oz frunze de amarant*, tocat mărunt

100 g/3½ oz frunze de spanac, tocate mărunt

50g/1¾oz frunze de schinduf, tocate

50g/1¾oz frunze de mărar, tocate mărunt

50g/1¾oz frunze de coriandru, tocate

1 lingurita pasta de ghimbir

1 lingurita pasta de usturoi

3 ardei iute verzi, tocati marunt

1 lingurita de turmeric

2 linguri coriandru macinat

1 lingurita chimen macinat

Adăugați sare după gust

1 litru/1¾ litru de apă

metodă

- Încinge uleiul într-o cratiță. Se caleste ceapa la foc mediu pana se rumeneste. Adăugați restul ingredientelor, cu excepția apei. Se fierbe timp de 12 minute.
- Adaugă apă. Gatiti 40 de minute si serviti fierbinti.

Miel cu lămâie

Porti 4

Ingrediente

750g/1lb 10oz miel, tocat în bucăți de 2,5 cm/1in

2 rosii, tocate marunt

4 ardei iute verzi, tocati marunt

1 lingurita pasta de ghimbir

1 lingurita pasta de usturoi

2 lingurite garam masala

125 g/4½ oz iaurt

500 ml/16 fl oz apă

Adăugați sare după gust

1 lingura de ulei vegetal rafinat

10 eşalote

3 linguri de suc de lamaie

metodă

- Amestecați mielul cu toate celelalte ingrediente, cu excepția uleiului, a șoței și a sucul de lămâie. Gatiti intr-o cratita la foc mediu timp de 45 de minute. Pus deoparte.

- Încinge uleiul într-o cratiță. Prăjiți ardeiul iute la foc mic timp de 5 minute.
- Se amestecă cu curry de miel și se stropește cu suc de lămâie. Se serveste fierbinte.

Pasanda de miel cu migdale

(Bucăți de miel cu migdale în sos de iaurt)

Porti 4

Ingrediente

120 ml/4 fl oz ulei vegetal rafinat

4 cepe mari tocate marunt

750 g/1lb 10oz miel dezosat, tăiat în bucăți de 5cm/2in

3 rosii, tocate marunt

1 lingurita pasta de ghimbir

1 lingurita pasta de usturoi

2 linguri chimen macinat

1½ linguriță garam masala

Adăugați sare după gust

200 g iaurt grecesc

750 ml/1¼ litri de apă

25 de migdale zdrobite grosier

metodă

- Încinge uleiul într-o cratiță. Adăugați ceapa și prăjiți la foc mic timp de 6 minute. Adăugați mielul și prăjiți 8-10 minute. Adăugați alte ingrediente, cu excepția iaurtului, a apei și a migdalelor. Se fierbe timp de 5-6 minute.
- Adăugați iaurt, apă și jumătate de migdale. Gatiti 40 de minute, amestecand des. Se serveste presarat cu migdalele ramase.

Carne de porc Chili Fry

Porti 4

Ingrediente

2 linguri de ulei

1 ceapă mare, tăiată felii

400g/14oz cârnați de porc

1 ardei gras verde, tocat marunt

1 cartof, fiert si tocat

½ lingurita pasta de ghimbir

½ lingurita pasta de usturoi

½ linguriță de pudră de chili

¼ linguriță de turmeric

10 g/¼ oz frunze de coriandru, tocate

Adăugați sare după gust

4 linguri de apă

metodă

- Încinge uleiul într-o cratiță. Adăugați ceapa și prăjiți timp de un minut. Reduceți focul și adăugați toate celelalte ingrediente, cu excepția apei. Se prajesc usor 10-15 minute pana cand carnatii sunt fierti.
- Adăugați apă și gătiți la foc mic timp de 5 minute. Se serveste fierbinte.

Mutton Shah Jahan

(Cara de oaie gătită în sos bogat Moghlai)

Porti 4

Ingrediente

5-6 linguri de ghee

4 cepe mari, feliate

675 g/1½ lb carne de oaie, tocată

1 litru/1¾ litru de apă

Adăugați sare după gust

8-10 migdale măcinate

Pentru amestecul de condimente:

8 catei de usturoi

2,5 cm/1 inch rădăcină de ghimbir

2 lingurite de mac

50g/1¾oz frunze de coriandru, tocate

5 cm/2 în scorțișoară

4 cuișoare

metodă

- Măcinați ingredientele pentru amestecul de condimente într-o pastă. Pus deoparte.
- Încinge ghee într-o tigaie. Se caleste ceapa la foc mic pana se rumeneste.
- Adăugați amestecul de condimente. Se prăjește timp de 5-6 minute. Adăugați carnea de oaie și fierbeți timp de 18-20 de minute. Adăugați apă și sare. Se fierbe timp de 30 de minute.
- Se ornează cu migdale și se servește fierbinte.

www.ingramcontent.com/pod-product-compliance
Lightning Source LLC
Chambersburg PA
CBHW070407120526
44590CB00014B/1296